青岛大学学术专著出版基金资助

中国饲料进口需求研究

基于产品替代视角

赵金鑫 著

China's Import Demand of
Feed Products

From Product Substitution
Perspective

中国社会科学出版社

图书在版编目（CIP）数据

中国饲料进口需求研究：基于产品替代视角/赵金鑫著 .—北京：中国社会科学出版社，2023.6
 ISBN 978-7-5227-1803-3

Ⅰ.①中⋯　Ⅱ.①赵⋯　Ⅲ.①饲料—进口贸易—研究—中国　Ⅳ.①F752.652

中国国家版本馆 CIP 数据核字（2023）第 065466 号

出 版 人	赵剑英
责任编辑	刘晓红
责任校对	周晓东
责任印制	戴　宽

出　　版	中国社会科学出版社
社　　址	北京鼓楼西大街甲 158 号
邮　　编	100720
网　　址	http：//www.csspw.cn
发 行 部	010-84083685
门 市 部	010-84029450
经　　销	新华书店及其他书店
印　　刷	北京君升印刷有限公司
装　　订	廊坊市广阳区广增装订厂
版　　次	2023 年 6 月第 1 版
印　　次	2023 年 6 月第 1 次印刷
开　　本	710×1000　1/16
印　　张	12.5
插　　页	2
字　　数	138 千字
定　　价	66.00 元

凡购买中国社会科学出版社图书，如有质量问题请与本社营销中心联系调换
电话：010-84083683
版权所有　侵权必究

前　言

中国畜禽养殖业集约化、规模化发展引致饲料需求的快速增长和饲料市场规模迅速扩大。由于水土等资源约束以及保障口粮绝对安全战略目标的实现，国内市场供给不能满足日益增长的饲料需求，饲料进口实现快速增长，并呈现出替代性产品多样化、进口来源多元化的特征。不断增长的饲料进口需求已成为影响中国粮食安全的重要因素。

党的二十大报告明确提出"推进高水平对外开放"，"依托我国超大规模市场优势，以国内大循环吸引全球资源要素，增强国内国际两个市场两种资源联动效应"。从微观层面来看，饲料进口的行为主体是饲料加工企业，饲料进口格局形成的根源在于复杂的产业链供求关系和开放市场环境下企业的生产决策行为。市场扩大开放为饲料加工企业提供了更多原料品种选择和市场选择，形成三个方面的进口替代关系，一是进口品与国内产品间的替代；二是不同产品种类之间的替代；三是不同来源市场之间的竞争。在多重替代关系格局下，厘清饲料进口增长背后的微观机理以及进口增长的路径和主导因素，把握饲料进口的竞争格局和市场效率,从而探寻统筹利用国内外市场,提高饲料供给效率的思路,具有重要的理论价值和现实意义,也是本书的主要关注点。

本书以作者的博士学位论文为基础,尝试从饲料加工企业选择进口原料和进行产品替代的微观机理出发,将能量饲料、蛋白饲料、饲料产品等多种类型的饲料纳入统一的分析框架,对中国饲料进口的增长路径、动因以及多重替代关系格局下的饲料进口效率进行研究。全书共分为七章,从以下五个方面展开。

第一,饲料进口增长的微观机理。主要通过理论分析和企业案例分析探究产业链纵向一体化背景下饲料加工企业选择进口原料和进行产品替代的生产决策行为。产业链纵向一体化是当前饲料加工企业和畜禽养殖企业发展的主导方向,饲料加工企业在产业链中扮演代加工角色,其行为目标是饲料生产成本最小化,在生产实践中主要通过原料采购及饲料配方调整实现。饲料加工企业选择进口饲料原料和进行产品替代的动因主要在于低价的进口原料能够大大降低饲料生产成本,从而提高产业链终端的销售利润。

第二,在考虑多样化替代产品及多元化进口来源的前提下,利用三元边际方法从总体上、分时间段以及双边贸易层面对中国饲料进口增长的路径进行了深入剖析。研究发现,饲料进口增长主要沿着数量增长这一路径实现,由于进口市场结构不断得到优化,进口价格水平呈逐渐下降趋势,贸易条件得到改善。饲料进口种类在总体上已经达到较高水平,在部分时期以及一些新兴贸易市场上,进口产品种类增长对中国饲料进口增长的贡献仍然较大，产品的多元化在部分进口来源市场仍具有较大的发展潜力。

第三，构建饲料进口总量及其三元边际的影响因素模型，识别出饲料进口增长的主导因素以及各因素影响饲料进口总量的作用路径，回答了饲料进口快速增长是国际低价驱动还是国内供需缺口拉动这一问题。研究的创新之处在于，构建三元边际影响因素模型时充分考虑了进口价格边际和进口数量边际在供求框架下可能存在相互影响，设计了联立方程模型加以解决。研究表明，中国饲料进口增长主要来源于能量饲料原料的进口增长，其主导因素是国内外粮食价差的扩大，市场对能量饲料的刚性需求并没有对当前的能量饲料进口增长产生直接影响。国内能量饲料市场面对着来自国际市场的价格竞争，尤其在玉米临时收储政策不断拉高国内价格的情况下，国内产品的竞争优势逐渐丧失。

第四，利用进口需求模型系统定量分析中国市场对不同品种、不同来源饲料的进口需求偏好差异，对饲料进口市场上的产品替代性、不同来源市场之间的竞争关系进行定量评估。这一部分试图创新的地方在于，利用基于Bootstrap的Cox检验在广泛使用的区分进口来源的Rotterdam模型和AIDS模型中识别出更适应本书的一个模型系统。进口玉米、大麦和高粱相互之间有较强的产品替代性，干玉米酒糟（DDGS）与不同来源的玉米、大麦、高粱之间均存在较强的互补关系。玉米主要进口来源国之间以及高粱主要进口来源国之间呈现出较强的市场竞争关系，这是中国积极开展双边贸易合作、拓展进口来源渠道的结果。但就目前的进口市场格局而言，玉米和高粱的进口来源过于集中，市场选择较少，也就意味着中国饲料粮进口市场仍然缺乏效率。中国对进口大麦具有稳定的需求和稳定的来源地，对主要来源国有较强的依赖性，未来饲料需求的满足将更多依靠进口，对美国市场的依赖度将进一步加深。

第五，本书结合饲料国内外市场的一体化程度以及国内农业生产、市场化改革等方面面临的问题，提出扩大对外开放进程中协调统筹国内外市场、提高饲料供给效率的政策建议，给出进一步研究的设想。

本书以笔者的博士学位论文为基础，在导师田志宏教授的悉心指导下完成。田志宏教授学术造诣深邃，治学态度严谨，为人宽厚仁德，做事精益求精，对笔者产生潜移默化的深刻影响。研究工作开展期间，我们得到了多方的支持和帮助。中国农业大学经济管理学院田维明教授在本书的学术思想和框架设计方面提供了大量建设性意见和指导，为本书的顺利开展和完成奠定了基础。美国宾夕法尼亚州立大学农业经济、社会与教育学系 David Abler 教授在研究方法设计过程中鼎力相助。市场调研的圆满完成得益于山西大象农牧集团、大成食品（亚洲）有限公司、新希望六和股份有限公司等企业提供的翔实的数据资料和技术指导。中国农业大学经济管理学院的王逸飞和单伟杰、国家发展和改革委员会国土开发与地区经济研究所的潘彪、中国科学技术发展战略研究院的胡月等参加了饲料加工企业调研和资料收集工作。对于上述各方人员提供的支持，我们借此机会表示最由衷的感谢。

受到时间和能力的限制，本书必定存在不足之处，恳请读者批评指正。我们希望本书可以为今后的相关研究工作起到抛砖引玉的作用，使我们对中国饲料市场的认识不断深入。

青岛大学经济学院　赵金鑫

2023 年 3 月

Preface

The intensive and large - scale development of China's animal husbandry leads to the rapid growth of feed demand and the rapid expansion of the feed market. Due to water and soil resource constraints and to ensure that the strategic goal of absolute security of staple food can be achieved, the domestic market supply cannot meet the ever - increasing demand for feed. In that case, China's feed imports have achieved rapid growth with diversified alternative products and diversified import countries of origin. The growing demand for feed imports becomes an important factor that affecting China's food security.

The report of the 20th National Congress of the Communist Party of China clearly proposes to promote high - standard opening up, and states that we will leverage the strengths of China's enormous market, attract global resources and production factors with our strong domestic economy, and amplify the interplay between domestic and international markets and resource. From a micro perspective, the behavioral agent of feed imports is feed processing enterprises. The feed import patterns are rooted in the complex supply and demand relationship in industrial chain and the production decision – making behavior of enterprises under the open market environment. The market opening provides feed processing enterprises with more choices of raw materials and trade markets, forming an import substitution relationship in three aspects: the first one is the substitution between imported products and domestic products, the second one is the substitution between different product types, and the third one is the competition among import countries of origin. With the multiple substitution relationships, it has important theoretical value and practical significance to clarify the micro – mechanism of the feed import growth, as well as the path and leading factors of import growth, and to illustrate the competition pattern and market efficiency of feed imports, which are also the main concerns of this book. The results are expected to reveal the effective ways to make overall use of domestic and foreign markets and improve feed supply efficiency.

Based on the author's doctoral dissertation, this book starts from analyzing the micro – mechanism of feed processing enterprises' selection of imported raw materials and their product substitution. It's an attempt to put multiple types of feed products such as energy and protein feed materials as well as processed feed, into a unified analysis framework. The path and motivation of China's feed import growth as well as the efficiency of feed import under the pattern of multiple substitution relations are explored in this book. This research includes 7 chapters. The main contents and conclusions are as follows.

1) The enterprise behavior of feed import. Feed processing enterprises' selection of imported raw materials and product substitution in the context of vertical integration of the industrial chain is deeply analyzed through theoretical analysis and enterprise case analysis. Vertical integration of the industrial chain is the leading development orientation of feed processing enterprises and animal husbandry enterprises. Feed processing enterprises play the role of Oriental – Equipment – Manufacture in the industrial chain. Their behavioral objective is to minimize the cost of feed production, which is mainly achieved through raw material purchasing and the adjustment of feed production formula in production practice. The main reason for feed processing enterprises to choose imported feed ingredients is that low – priced imported raw materials can greatly reduce the feed production costs, thereby increasing the sales profit of the industrial chain terminal.

2) Considering diversified substitute products and diversified import countries of origin, the Three Margins method is used to analyze the growth path of China's feed imports from the overall and bilateral trade levels, as well as by period. Results show that feed imports grow mainly along the quantity margin. As the import market structure is continuously optimized, the import price has gradually decreased and the trade terms have im-

proved. The variety of feed imports increases to a higher level. In some period and in some emerging trade markets, the increase in the variety of imported products still contributes significantly to the growth of China's feed imports. The diversification of products still has great potential to expand for some import countries of origin.

3) The influence factor models of total feed import and its three margins are established to identify the dominant factors for feed import growth and the action route of each factor in affecting the total feed imports. The aim is to answer whether the rapid increase in feed imports is driven by low price in international market or by the domestic supply – demand gap. The innovation in this part is fully considering the possible interaction between the price margin and the quantity margin based on the Three Margins method in the framework of supply and demand, thus a simultaneous equation model of the three margins is established to solve this problem. Results show that the growth of China's feed imports mainly comes from the increase in the import of energy feed materials. The leading factor is the widening price gap of the domestic and foreign markets. The rigid demand for energy feed doesn't directly affect the growth of energy feed imports at present. The domestic energy feed market is facing price competition from the international market. Especially under the situation that the temporary purchase and storage policies for corn continues to drive up the domestic price, the competitive advantage of domes-

tic products is gradually lost.

4) The import demand system is used to quantitatively analyze Chinese market's demand preferences for different varieties and different sources of imported feed, as well as product substitution in the feed import market and the competitive relationship among countries of origin. The possible innovation in this section is that the Bootstrap – based Cox test is used to identify a more adaptive model between the widely used source – differentiated Rotterdam model and Almost Ideal Demand System (AIDS). Imported corn, barley and sorghum have strong product substitution with each other, and distillers dried grains with soluble (DDGS) show a strong complementary relationship with corn, barley and sorghum from different sources. There is a strong market competition relationship among the main import sources of corn and the main import sources of sorghum, which is the result of China's active bilateral trade cooperation and the expansion of import sources. However, the market shows too concentrated import sources of corn and sorghum and there are fewer market choices, which means that China's feed grain import market is still inefficient. China has stable import demand and stable sources for barley, and is strongly dependent on the main countries of origin. In the future, China's feed demand will rely more on imports to meet, and will depend more on the US market.

5) Analyzing the integration of domestic and foreign feed markets, as well as Issues in domestic agricultural production

and market reforms. The policy recommendations for coordinating domestic and foreign markets and improving feed supply efficiency in the process of opening up are proposed, and further research ideas are put forward.

This book is based on the author's doctoral dissertation and completed under the careful guidance of my tutor, Professor Tian, Zhihong. Professor Tian has a rigorous academic attitude and profound academic attainments. He is a generous and benevolent person, and strives for perfection in everything, which has a subtle and profound impact on me. During the research period, we receive a lot of support and help from many ways. Professor Tian Weiming, from College of Economics and Management, China Agricultural University, provides lots of constructive opinions and guidance on the academic thinking and framework design of this research, which lay the foundation for the development and completion of this research. Professor David Abler, from Department of Agricultural Economics, Sociology and Education, the Pennsylvania State University in the United States, provides assistance in research method design. The successful completion of the market research benefits from the detailed data and technical guidance provided by Shanxi Daxiang Agriculture and Animal Husbandry Group, Dacheng Food (Asia) Co., Ltd., New Hope Liuhe Co., Ltd. and other enterprises. Wang Yifei and Shan Weijie from College of Economics and Management, China Agricultural University, Pan Biao from Institute of Spatial Planning & Regional Economy, National Development and Reform Commission, and Hu Yue from Chinese Academy of Science and Technology for Development participate in the investigation of feed processing enterprises and data collection. We express our most sincere gratitude to the above – mentioned people for their support.

This book can have its shortcomings limited by time and our ability. We welcome any comments and suggesgestions about our work. We hope that this book can serve as an inspiration for future related research work, and deepen our understanding of Chinese feed market.

Zhao Jinxin, School of Economics, Qingdao University

March, 2023

目　录

第一章　绪论 …………………………………………………… 1
　第一节　研究背景及意义 ……………………………………… 1
　第二节　饲料的产品范围界定 ………………………………… 5
　第三节　国内外研究现状 ……………………………………… 7
　第四节　研究目标与主要内容 ………………………………… 35
　第五节　研究方法与技术路线 ………………………………… 39
　第六节　研究的创新点 ………………………………………… 41
第二章　饲料进口需求的企业行为分析 ……………………… 43
　第一节　饲料产业链结构 ……………………………………… 43
　第二节　饲料产业纵向一体化发展的理论基础 ……………… 45
　第三节　饲料产业链供需模式及企业行为目标 ……………… 50
　第四节　企业进口饲料的决策行为 …………………………… 56
　第五节　本章小结 ……………………………………………… 62
第三章　饲料市场供需及进口增长路径研究 ………………… 64
　第一节　饲料市场需求分析 …………………………………… 65
　第二节　饲料市场供给分析 …………………………………… 72
　第三节　饲料进口增长路径研究 ……………………………… 95

第四节　本章小结 …………………………………………… 106

第四章　饲料进口增长的动因分析 …………………………… 108
　　第一节　饲料进口增长的理论基础 ………………………… 109
　　第二节　进口模型构建及样本选择 ………………………… 111
　　第三节　饲料进口的影响因素研究 ………………………… 117
　　第四节　本章小结 …………………………………………… 124

第五章　饲料进口产品替代性和市场竞争关系研究 ………… 127
　　第一节　理论基础与研究方法 ……………………………… 128
　　第二节　样本选择与数据来源 ……………………………… 133
　　第三节　饲料进口需求偏好及替代关系分析 ……………… 136
　　第四节　本章小结 …………………………………………… 146

第六章　饲料进口市场与国内市场的关联性分析 …………… 149
　　第一节　价格传导理论与研究对象选择 …………………… 149
　　第二节　饲料国内外市场价格波动的传递效应 …………… 152
　　第三节　饲料国内外市场间的长期均衡关系 ……………… 156
　　第四节　本章小结 …………………………………………… 157

第七章　主要结论与政策思考 ………………………………… 159
　　第一节　主要研究结论 ……………………………………… 159
　　第二节　对扩大开放中国饲料市场的政策思考与
　　　　　　建议 ………………………………………………… 162
　　第三节　有待进一步研究的问题 …………………………… 165

附　录 …………………………………………………………… 167

参考文献 ………………………………………………………… 172

第一章 绪 论

第一节 研究背景及意义

中国畜禽养殖业集约化、规模化发展引致饲料需求的快速增长和饲料市场规模迅速扩大,饲料产业自20世纪90年代以来取得快速发展。2020年中国饲料产量达到2.4亿吨,占全球饲料总产量11.88亿吨的20.2%[1],居世界第一位。

饲料产业的原料供给依托于种植业和食品加工业,其产品服务于中国快速发展的畜禽养殖业,产业链上下游各环节均面对着开放的市场环境(见图1-1)。在直接粮食消费减少、饲料粮和畜产品消费快速增长的需求结构下,资源禀赋决定了中国在全球供应链中的角色和交换模式也在逐渐改变。

---

[1] Alltech, "2021 Global Feed Survey", 2021, http://one.alltech.com/2021-agri-Food-look.

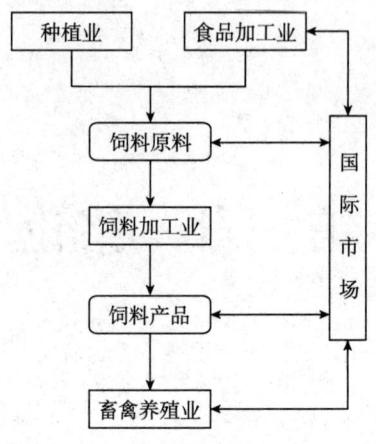

图 1-1 饲料产业链的结构

中国饲料产业在快速发展过程中面临的挑战日益凸显，主要表现在三个方面。第一，受到土地、水等资源的制约以及玉米"去产能"改革的影响，饲料原料的国内供给不能满足日益增长的需求，供需缺口不断增大；在南方等非原料主产区，供需缺口表现得更加突出。第二，国内粮食生产成本不断增长，饲料粮价格高企，进口国际市场的低价饲料原料成为解决国内供需矛盾的重要途径，但进口规模的迅速扩大给国内饲料市场及相关产业产生了较大的冲击。第三，大宗饲料原料成本在饲料加工总成本中的占比高达75%以上[1]，是饲料企业生产决策的关键环节，因此，原料价格的大幅波动成为制约饲料产业稳定发展的一个难题。

市场开放程度的不断提高为饲料加工企业应对挑战提

---

[1] 张利庠：《产业组织、产业链整合与产业可持续发展——基于我国饲料产业"千百十调研工程"与个案企业的分析》，《管理世界》2007年第4期。

供了更多原料品种选择和市场选择，这也使饲料原料之间形成了三个方面的替代关系。一是由于国产原料价格高企，进口快速增长，进口原料与国内原料之间形成替代（见图1-2）。二是不同原料品种之间具有进口替代关系（见图1-2），特别是玉米、高粱、大麦、玉米酒糟（DDGS）等能量饲料，由于营养成分相似，当产品之间的相对价格发生变化，或者某一种产品进口受到限制时，不同产品的进口即表现出明显的此消彼长的替代关系。三是进口市场多元化带来的不同来源的饲料原料之间的替代关系，以玉米为例，2013年以前中国进口的玉米90%以上来自美国，2014年开始，玉米的主要进口市场逐渐增多，乌克兰玉米在中国玉米进口中的份额扩大到80%以上，与美国玉米之间的替代关系和竞争关系逐渐凸显。

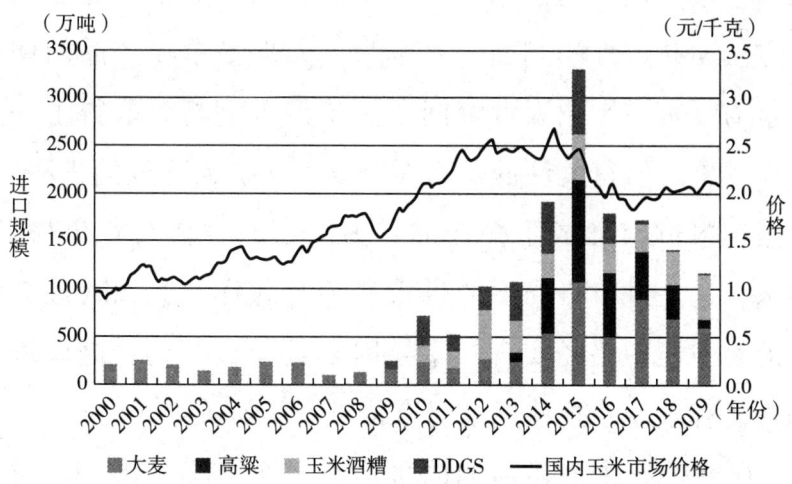

图1-2　国内玉米市场价格及饲料原料进口规模（2000—2019年）

资料来源：价格数据来源于全国畜牧总站，进口数据来源于中国海关总署。

在饲料产品结构更加复杂、市场来源多元化的背景下，饲料进口增长问题具有更丰富的经济学内涵。第一，进口增长是市场失衡的客观反映，源于国内供需缺口增大抑或是政策干预引起的国内外价差扩大，两者带来的市场影响完全不同。第二，进口市场结构取决于对进口品的需求偏好，意即随着中国饲料市场开放程度的不断加深，饲料加工企业对不同品种、不同来源饲料表现出的需求偏好决定未来中国饲料粮进口市场格局的演变方向。第三，产品不同来源国之间的市场竞争关系能够反映其市场垄断程度，而不同产品之间的替代性越强，市场上可提供给消费者的选择就越多，这种产品替代性和市场竞争关系映射出中国对某一产品或某一市场的进口依赖性。

国内外学者针对中国饲料市场开展了大量研究工作，在原料市场供给与需求的分析预测方面形成了较完备的研究方法和共识性的判断，对玉米、大麦等单项产品的国际竞争力、贸易影响因素等问题做了深入剖析，取得了一些研究成果。值得关注的是，在市场不断扩大开放的进程中，中国饲料进口形成了多产品、多市场的替代与竞争格局。那么，这一进口格局下的供求机理是怎样的？饲料进口增长沿着怎样的路径实现？主导因素是什么？饲料进口增长是否富有效率？这些问题仍有待进一步研究。

研究并解决上述问题的价值有三个方面。第一，厘清中国对不同来源饲料的需求偏好有助于对扩大开放进程中饲料进口市场格局的变迁做出更恰当的判断。第二，中国参与全球供应链竞争的模式正在发生变化，厘清产品之间的替代性以及各来源市场之间的竞争关系，能够帮助识别中国对某一产品或某一市场的进口依赖程度，为优化进口市场布局、提升对外开放质量提供决策参考。第三，饲料产业连接种植业和畜禽养殖业两大基础产业，饲料贸易有关问题的解决将牵动种植业和畜禽养殖业市场的共同发展，具有重要的理论价值和实践意义。

第二节 饲料的产品范围界定

饲料的种类繁多，产品范围广。饲料工业标准将饲料划分为饲料原料、饲料产品和饲料添加剂。[①] 本书重点关注饲料原料和饲料产品两大类，其中，饲料原料采用农业农村部《饲料原料目录》中的定义，即"来源于动物、植物、微生物或者矿物质，用于加工制作饲料但不属于饲料添加剂的饲用物质"；饲料产品是指《饲料和饲料添加剂管理条例》中定义的"经工业化加工、制作的供动物食用的产品"，具体包括单一饲料、添加剂预混合饲料、浓缩饲料、配合饲料和精料补充料。

从现有的研究来看，学术界关注较多的是用作饲料生产投入品的饲料粮。饲料粮有狭义上的和广义上的概念界定，狭义的饲料粮是指作为饲料加工原料或直接用作饲料的粮食，这一概念通常用于进行粮食需求结构等方面的研究。广义的饲料粮既包括粮食饲料，也包括麦麸、饼粕、DDGS 等用作饲料的粮食加工副产品，这些副产品在生产、

[①] 《饲料工业标准汇编》（第 6 版），中国标准出版社 2019 年版。

消费过程中与狭义上的饲料粮形成替代。[①] 在部分研究中，广义的饲料粮也被称为精饲料。

出于不同的研究目的，专家学者界定的饲料产品范围也存在较大差异。陈永福[②]研究中的饲料粮包括粮食和豆粕；黄季焜[③]、罗良国等[④]在其研究中使用狭义的饲料粮范围；Claude Aubert[⑤]将饲料粮的产品范围界定为饲料用粮食、豆粕和豆饼以及粮食加工副产品；韩昕儒等[⑥]全面考量了饲料粮对粮食安全的影响，使用了广义饲料粮作为研究对象。

本书充分考虑了饲料生产过程中由于原料营养成分相似而产生的产品替代性问题，对饲料的产品范围进行界定和分类，相应的贸易统计口径见表1-1。需要特别说明的是，木薯、大麦、高粱等产品进口有多种用途，从现有数据资料中难以区分出饲用比例，考虑到饲用需求是这些产品进口增长的主要动因，本书将它们整体纳入饲料原料中分析；小麦、燕麦和稻谷也是饲料加工的常用原料，由于进口的这三种产品主要用以满足食用需要，本书未将其纳入研究范围。综上，本书所指的饲料包括6种能量饲料、6种蛋白饲料以及饲料产品共计13种产品，涉及29个HS六

[①] 杨万江：《危机与出路：中国粮食结构与农业发展新论》，社会科学文献出版社1999年版。

[②] 陈永福：《中国食物供求与预测》，中国农业出版社2004年版。

[③] 黄季焜：《中国农业的过去和未来》，《管理世界》2004年第3期。

[④] 罗良国等：《中国粮食供求状况分析》，《农业经济问题》2005年第2期。

[⑤] Claude Aubert, "Food Security and Consumption Patterns in China: The Grain Problem", *China Perspectives*, No. 2, 2008, pp. 5–23.

[⑥] 韩昕儒等：《中国目前饲料粮需求量究竟有多少》，《农业技术经济》2014年第8期。

位税目。这一口径在产品类别上既包括广义的饲料粮,也考虑了动物蛋白饲料和饲料产品,是一个更系统的研究范围。

表 1-1　　　　　饲料的贸易统计口径

类别		品目及 HS 六位编码	产品数目
饲料原料	能量饲料	木薯(071410)、大麦(100300)、玉米(100590)、高粱(100700)、玉米酒糟(230330)、其他饲料用糟渣(230210—230250, 230310, 230320, 230810, 230890)	14
	蛋白饲料	乳清粉(040410)、肉骨粉(230110)、鱼粉(230120)、豆粕(230400)、花生粕(230500)、菜籽粕(230640)、其他饼粕(230610—230630, 230650—230670, 230690)	13
饲料产品		制成的动物饲料(230910, 230990)	2

第三节　国内外研究现状

针对要研究的问题,笔者查阅并梳理了国内外相关文献,从国内市场及供需、国际市场与进出口贸易、进口替代关系、饲料市场的价格决定与价格传导机制四个方面对已有研究进行综述。

一　饲料国内市场及供需研究

饲料市场研究的主流是供给、需求分析及市场预测。国内外学者对中国饲料市场展开了一系列考察和研究,相关研究方法逐渐得到改进和发展,本书从中国饲料产业特征、饲料需求的影响因素、供给能力、饲料市场分析及预测四个方面对已有的研究成果进行梳理。

（一）中国饲料产业特征研究

世界饲料生产从20世纪80年代中期开始一直处于稳定增长态势。美国及欧洲发达国家的饲料工业起步较早，从萌芽、新兴到饲料工业全面发展，生产经营模式不断变革，管理制度与法规建设逐步加强和完善，科技含量不断提升，最终走向成熟完善，为发展中国家饲料工业发展提供了经验和借鉴。[①]

中国的饲料工业始于1978年，经历了起步（1978—1984年）、成长（1985—1997年）、逐步调整并走向成熟（1998年以后）三个阶段的发展。[②] 加入世界贸易组织以来，中国饲料产业的国际化进程加快，目前已形成了研发、推广、生产与销售一体化，涵盖饲料加工工业、饲料原料工业、饲料添加剂工业和饲料机械工业在内的结构完整、功能齐全的饲料工业体系。张锋对影响中国饲料加工业产业组织的制度问题进行研究，通过分析产业集中度、市场结构类型、企业市场行为和产业组织绩效，得出结论：中国饲料加工业属于过度分散的"原子型"市场结构，并存在明显的地域性差异，这与中国饲料加工业的上下游农户小规模分散经营的市场环境有关；饲料行业不存在市场势力，所有企业都是价格接受者，不具有市场控制力量，不

[①] 王征南：《中国饲料产业发展政策研究》，博士学位论文，中国农业科学院，2003年。

[②] 张利庠：《中国饲料产业发展报告》，中国农业出版社2006年版。

存在寡头和合谋等市场行为；规模的扩张在增加市场份额的同时也提高了饲料企业的绩效，意味着饲料市场存在一定的规模经济。① 田波在宏观层面对中国饲料产业链的纵向整合及横向整合模式进行研究认为，中国饲料产业链纵向整合的短期效果较好，长期来看，纵向整合程度不高，上下游各环节之间的价格影响呈现逐渐增强的趋势；横向市场整合从长期来看程度较高，与中国饲料开放发展政策以及市场竞争程度有关，但由于基础设施条件、信息建设程度以及相对独立运行的市场机制原因，短期来看，整合程度较低，在价格联系方面，每个市场相对独立，不易受到其他市场的影响。②

进入 21 世纪以来，中国饲料产量增长迅速，产品综合性日趋增强，呈现出大规模整合的趋势，越来越多中国饲料企业凭借产品质量、经济规模总量和综合竞争力优势跻身世界饲料产业前列，也显现出诸多制约国际竞争力的因素。王征南研究认为，中国在标准的制定和修订方面做了大量切实有效的工作，已经建立起完善的饲料工业标准化体系，但与发达国家相比仍存在技术标准低、检验检测技术落后于发达国家等问题，饲料产品出口易受到技术壁垒的限制；饲料工业的自主研发能力较低，影响产品创新和市场竞争力。③ 秦富和尹金辉认为，中国饲料产业存在小规

---

① 张锋：《中国饲料加工业产业组织研究》，博士学位论文，石河子大学，2013年。

② 田波：《中国饲料产业链整合问题研究》，博士学位论文，华中农业大学，2013年。

③ 王征南：《中国饲料产业发展政策研究》，博士学位论文，中国农业科学院，2003年。

模企业众多、利润率低、生产能力利用不充分、行业管理制度缺乏等困难,面临较大的国际竞争压力。① 加入WTO给中国饲料产业发展带来新的机遇,饲料企业可以从国际市场进口国内市场缺乏的和低价的饲料原料,降低生产成本,同时也面临着原料价格波动增大、国际竞争激烈等挑战,国家对产业的扶持和保护力度也将受到很大的限制。范润梅和王征南利用国家统计局及国际权威机构发布的饲料产业数据对国际化背景下中国饲料产业的经济形势进行研究发现,在饲料产业链上仍存在玉米等原料的种植安全、畜禽养殖的饲料喂养模式等制约饲料产业综合性发展的因素,同时受到国外饲料企业给国内饲料产业带来的多方面的冲击。②

美国、荷兰、泰国等国家的饲料产业比较发达,其发展模式为中国饲料产业发展提供了借鉴。方美玉从供应链的角度研究认为,饲料产业发达的国家普遍存在规模化、集约化发展特征及产业链纵向一体化趋势,产业链纵向整合能够强化企业的抗风险能力,而饲料加工原料供给充足是饲料行业降低成本、提高利润的基础。③

现有文献对饲料市场结构特征和产业发展历程做了细致的梳理,对产业面临的制度约束、技术"瓶颈"、市场环境阻力等问题的剖析以及对其他国家产业发展模式的总结,给中国饲料产业发展提供了方向和思路。产业发展模

---

① 秦富、尹金辉:《中国的饲料工业》,《农业技术经济》2004年第6期。
② 范润梅、王征南:《国际化背景下的中国饲料产业的经济分析》,《世界农业》2015年第12期。
③ 方美玉:《供应链视角的饲料企业供产合作模式研究》,博士学位论文,湖南农业大学,2014年。

式由饲料产业链各环节之间的微观主体关系反映，这一主体关系直接决定着饲料市场的供求状态，而目前在这种微观层面的产业特征分析尚不充分。另外，饲料产业作为联结种植业和畜牧业的基础性行业，国家在产业、市场、贸易等方面的政策导向也是影响产业发展的不可忽视的因素，这一方面的学术关注仍然较少。

（二）饲料需求的影响因素

发达国家和许多发展中国家的社会发展实践已经证明，随着收入水平的提高，食品消费水平和结构都将发生非常大的变化。亚洲、拉丁美洲等地区经济快速发展，成为畜产品和饲料产品需求增长最快的地区[1][2]，吸引了众多国内外学者的关注。

饲料需求是一种引致需求。在畜产品产量一定的情况下，饲料需求与饲料转化率呈正相关，因此，任何影响饲料转化率和畜产品消费的因素都会间接影响饲料的需求量。[3] 饲料转化率主要由畜牧生产技术和饲料加工技术决定，王明华分析认为，饲料需求的增加，一方面在于畜禽养殖业生产的稳定增长，另一方面在于饲养方式发生巨大

---

[1] Anita Regmi and John Dyck, "Effects of Urbanization on Global Food Demand", in *Changing Structures of Global Food Consumption and Trade*, Economic Research Service, USDA, 2001, pp. 23–30.

[2] Manoj P. K. and John M. Paulose, "Prospects of Cattle Feed Industry in Industry in India and Strategies for Utilizing the Market Potential: A Study in Kerala with a Focus on Factors Influencing Buyer Behaviour", *International Journal of Business & General Management*, Vol. 3, No. 3, 2014, pp. 1–11.

[3] 田维明、周章跃：《中国饲料粮市场供给需求与贸易发展》，中国农业出版社2007年版。

转变。① 根据国家统计局公布的数据，中国肉类产量从2005年的7743.09万吨增加至2018年的8624.63万吨，增长率为11.39%，平均每年增加67.81万吨。随着生产技术水平和环境保护要求的不断提高，传统的家户养殖模式逐渐被规模化的现代化养殖方式所取代，广泛使用于现代养殖中的精饲料粮和加工饲料也逐渐取代了泔水、糠麸、糟渣这类饲料。畜禽养殖业饲养方式转变在很大程度上增加了对饲料产品的消费需求。

从畜产品消费的角度，传统经济学理论认为，收入和产品价格是影响需求的最基本因素。收入对畜产品消费的促进作用是毋庸置疑的②，很多学者的研究也证实了这一结论。辛贤等的研究进一步表明，收入增长直接带来了饲料粮消费的增长，收入变化对饲料粮需求的影响取决于收入的增长速度和畜产品收入需求弹性。③ 在产品价格方面，Christopher Delgado等建立需求系统分别对美国、中国、挪威和埃及的肉类及水产品消费进行实证研究发现，畜产品和水产品的非补偿自价格弹性很小，收入补偿后表现出完全无弹性；④ 夏晓平等利用线性支出系统（LES）模型对中国城镇居民畜产品消费开展的研究则表明，猪牛羊肉及蛋产品的自价格弹性不显著，而居民对禽肉、水产品和奶类

---

① 王明华：《对我国饲料粮供需形势的分析》，《调研世界》2012年第2期。
② 蒋乃华等：《我国城乡居民畜产品消费的影响因素分析》，《中国农村经济》2002年第12期。
③ 辛贤等：《畜产品消费增长对我国饲料粮市场的影响》，《农业经济问题》2003年第1期。
④ Christopher Delgado et al., "The Impact of Livestock and Fisheries on Food Availability and Demand in 2020", *American Journal of Agricultural Economics*, Vol. 79, No. 5, 1997, pp. 1471 – 1475.

的价格变动则比较敏感①；Zhangyue Zhou 等分析认为，由畜产品消费驱动的饲料需求性的快速增长是价格刚性的。②此外，人口增长和城镇化发展也是影响畜产品消费需求的重要原因。目前，中国的工业化和城镇化正处于高速发展阶段，饲料需求的快速增长成为中国粮食需求增长的主要原因③④，这一观点已成为学术界共识。

（三）饲料的供给能力研究

饲料的供给是以粮食生产水平为前提的，粮食综合生产能力是衡量粮食生产情况的重要指标之一。肖海峰和王姣研究提出，影响粮食产量的因素主要包括四类：一是生产要素的投入量，包括土地、劳动、化肥、机械等；二是农业技术进步；三是国家粮食政策、农业生产的组织与经营制度；四是自然灾害，运用柯布—道格拉斯生产函数进行实证检验后得出结论，中国粮食生产能力的提高主要在于化肥等投入的增加以及劳动生产率的提高，播种面积的减少对粮食综合生产能力具有很大的负面作用。⑤郭燕枝等研究认为，在不同时期影响中国粮食综合生产能力的主要因素是不同的，粮食生产能力的提高不仅涉及土地、水等

---

① 夏晓平等：《收入变动与城镇居民畜产品消费的实证分析》，《消费经济》2010年第5期。

② Zhangyue Zhou et al., "Supply and Demand Estimates for Feed Grains in China", *Agricultural Economics*, Vol. 39, No. 1, 2008, pp. 111 – 122.

③ Weiming Tian and John Chudleigh, "China's Feed Grain Market: Development and Prospects", *Agribusiness*, Vol. 15, No. 3, 1999, pp. 393 – 409.

④ 聂振邦：《中国粮食发展报告》，经济管理出版社2011年版。

⑤ 肖海峰、王姣：《我国粮食综合生产能力影响因素分析》，《农业技术经济》2004年第6期。

基础要素，而且也受到资本、技术、生产经营行为以及扶持政策等因素的影响。[1]

针对中国饲料粮的供给能力，储燕涛分析认为，饲料粮的供给受到粮食种植结构调整、饲料粮增产潜力及饲料粮价格与质量等因素的影响，如果按照各地区的比较优势发展不同饲料粮种植，可以提高饲料粮供给。[2] Paul Crompton 等、陈恭军则认为，受到中国土地资源的限制，在保证口粮和食用油稳定供给、棉纺工业持续生产的情况下，玉米等饲料粮扩大播种面积的空间非常有限，未来中国饲料粮的供给压力将不断增大，可能无法满足快速增长的饲料需求。[3][4] 同时，受到国家"粮改饲"统筹布局的影响，玉米作为主要的饲料粮品种，其总产量将出现明显的下降趋势，据农业部市场预警专家委员会预测，2016—2020 年中国玉米种植面积年均减幅达 1.8%，从而使总产量年均减少 1.1%；高粱、大麦也已广泛应用于饲料加工，但是，由于国内高粱、大麦主要用于酿酒及食用，杨艳涛和秦富研究认为，进口玉米及其替代品将成为弥补饲料粮供需缺口的主要解决途径。[5]

为解决国内畜产品及饲料产品供需矛盾，中国可以直

---

[1] 郭燕枝等：《我国粮食综合生产能力影响因素分析》，《农业经济问题》2007 年第 S1 期。

[2] 储燕涛：《中国饲料粮市场分析》，博士学位论文，中国农业大学，2003 年。

[3] Paul Crompton et al., "Effect on feed grains of China's rising demand for livestock products", Agriculture and Resource Quarterly, No. 5, 1993, pp. 242–253.

[4] 陈恭军：《中国饲料粮供需变化对未来粮食自给的影响》，《中国畜牧杂志》2012 年第 4 期。

[5] 杨艳涛、秦富：《中国玉米进口贸易与国际市场价格相关性分析》，《价格理论与实践》2015 年第 12 期。

接从国际市场进口畜产品,也可选择进口饲料以满足国内畜禽养殖业生产,波尔·克鲁普顿等的研究认为,在收入增长引起畜产品需求扩张的初期,其他情形相近的发展中国家的经验表明,后者的可能性更大。[①]

(四) 饲料市场分析及预测

20世纪90年代以来,国内外研究机构和学者针对中国饲料粮供需平衡问题做了大量的定量研究。饲料粮使用数量的估计方法主要包括需求法和供给法两种。其中,需求法是用各种畜产品的产量乘以相应的饲料转化率。[②] 韩昕儒等基于调整后的畜产品产量和估计的饲料转换率对中国的饲料粮需求量进行测算,结果表明,2010年,中国饲料粮需求约为2亿吨,其中粮食需求约为1.5亿吨,饼粕的需求约为3807万吨,麦麸需求为1123万吨;粮食需求中的主要部分是玉米,约占1.17亿吨。[③] 使用需求法作估计受到统计数据可靠性、多种饲养模式下饲料转化率缺乏代表性等诸多因素的限制,得出的结果容易受到质疑。[④]

从供给法的角度,饲料粮供给量等于粮食总产量扣除口粮、种用粮和工业用粮等;朱希刚利用供给法分别对2000年、2010年和2020年的饲料粮供给量进行了估计,

---

[①] 波尔·克鲁普顿等:《中国畜产品需求增长对饲料粮的影响》,《中国农村经济》1994年第3期。
[②] 程国强等:《中国饲料粮供给与需求的估计》,《农业经济问题》1997年第5期。
[③] 韩昕儒等:《中国目前饲料粮需求量究竟有多少》,《农业技术经济》2014年第8期。
[④] 田维明、周章跃:《中国饲料粮市场供给需求与贸易发展》,中国农业出版社2007年版。

并假定需求量等于供给量，对饲料粮需求有关问题作进一步研究分析。① 收入水平和城镇化是影响饲料粮消费需求的重要原因，显然，供给法并没有将这些因素纳入考虑。

黄季焜和 Scott Rozelle 利用计量经济模型估计了收入和人口分别以高、中、低三种不同速度增长情况下的饲料粮需求量，结果表明，即使在收入水平和人口均实现高速增长的情况下，2010 年的饲料粮需求量也仅有 1680 万吨。② 田维明和周章跃分析认为，影响该预测可靠性的因素可能有两个：一是使用的畜产品需求的收入弹性偏高，二是官方统计数据低估了人均畜产品的实际消费量。

杨艳涛和秦富在分析"十三五"时期中国饲料粮供需发展趋势的基础上，根据全价配合饲料中饲料粮的添加比例，利用二项式回归方程估算了饲料粮需求量，并推算出 2020 年中国饲料粮供需缺口约有 1600 万吨。③

可见，基于不同的统计概念、行为参数、数据质量、预测模型及其他假设条件，饲料粮供给和需求的预测结果存在较大差异。其中，畜产品需求的收入弹性和饲料转化率是获得可靠估计的关键参数，而这两个参数会随着城镇化发展、畜禽养殖技术改进等发展变化，因此，预测与实际出现偏离是难以避免的。值得关注的是，畜产品消费增加引致的饲料需求增长是刚性的，已有研究也一致认为，中国的饲料粮需求仍将不断增长。中国饲料供需缺口已经

---

① 朱希刚：《中国粮食生产与农业技术推广》，中国农业科技出版社 2000 年版。
② 黄季焜、Scott Rozelle：《迈向 21 世纪的中国粮食：回顾与展望》，《农业经济问题》1996 年第 1 期。
③ 杨艳涛、秦富：《中国玉米进口贸易与国际市场价格相关性分析》，《价格理论与实践》2015 年第 12 期。

显现,未来饲料粮进口规模仍将持续扩大。①②

二 饲料的国际市场与进出口贸易研究

中国饲料贸易经历了由出口为主逐渐转向大规模进口的态势,国际竞争也发生了很大变化,这一特征在玉米等大宗饲料原料的贸易上尤其突出。本书对饲料出口贸易和进口贸易的相关研究分别进行梳理和总结。

(一) 饲料出口贸易及国际竞争力

现有关于饲料出口贸易的研究主要以玉米为对象。中国曾经是世界主要玉米出口国之一,2002 年的玉米出口量跃居世界第二,具有较强的竞争优势。③ 从 2003 年起,中国粮食价格出现上涨,粮食安全问题开始受到关注;为保障国内粮食供给,中国政府开始对粮食出口实行配额管理制度,同时取消各种出口补贴。④ 2007 年年底国家出台限制玉米出口的征税措施在一定程度上稳定了玉米供给,遏制了玉米价格的快速上涨,抑制了国际粮价对国内价格的传导,但过低的玉米价格对主产区农民增收和种粮积极性造成很大影响,另外还导致玉米走私现象的出现和国际玉米市场份额的降低。随着玉米生产成本的快速上涨以及畜禽养殖业和饲料加工业的快速发展,玉米的国内需求迅速

---

① Zhangyue Zhou et al., "Supply and Demand Estimates for Feed Grains in China", Agricultural Economics, Vol. 39, No. 1, 2008, pp. 111 – 122.
② 韩昕儒等:《中国目前饲料粮需求量究竟有多少》,《农业技术经济》2014 年第 8 期。
③ 秦臻:《世界玉米贸易与中国玉米出口》,《国际贸易问题》2003 年第 12 期。
④ 朱俊峰:《中国玉米国际贸易政策变迁及其分析》,《世界农业》2008 年第 4 期。

增长，中国玉米的贸易格局逐渐从"北粮南运"转变为"南进北出"。张长新和陈阵对中国玉米贸易发展趋势进行研究认为，中国南方省份进口玉米使国内外市场联系更加紧密，玉米市场价格将随世界市场价格变动，国内玉米市场的供需平衡将更多地受到国际市场的影响；价格传导会使国内玉米主产区的市场化程度提高，贸易政策对出口的干预作用将减弱。[①]

美国是世界最大的玉米生产国和出口国，其为应对能源危机而实施的生物质能源战略将可能导致美国玉米出口量下降，对国际市场上玉米的供求格局产生重大影响。周曙东等利用全球贸易分析模型（GTAP）模拟分析了美国生物质能源政策对国际玉米生产与贸易造成的影响，认为玉米国际市场价格将随着美国生物乙醇工厂的建成使用出现大幅上涨，玉米主要进口国的进口数量将出现普遍下降；由于中国对进口玉米缺乏依赖性，玉米进口量将随着国际市场价格的上涨出现大幅下降，并增加对国内玉米的消费。[②]

对饲料国际竞争力的研究主要用到国际市场份额、贸易竞争力指数、比较优势指数等测算方法。赵红雷研究发现，2001—2007年中国玉米的国际竞争力不强，与玉米生产及出口大国的地位不对等。[③] 梅楠和孙良媛通过测算中国

---

① 张长新、陈阵：《我国玉米贸易发展趋势与应对策略》，《经济纵横》2009年第4期。

② 周曙东等：《美国发展生物质能源对国际市场玉米价格、贸易与生产格局的影响——基于CGE的模拟分析》，《中国农村经济》2009年第1期。

③ 赵红雷：《中国玉米进出口贸易波动研究》，博士学位论文，西北农林科技大学，2013年。

玉米的生产成本比较优势、贸易竞争力指数及生产经营成本杠杆效应系数发现，中国玉米贸易竞争力在2004—2012年不断下降，玉米生产成本和价格均高于美国，在国际贸易竞争中处于劣势地位。[1] 对于中国玉米缺乏国际竞争力的原因，刘树坤和杨汭华分析认为，生产成本高、单位面积产量低、质量不稳定、玉米加工和流通业不发达是制约国际竞争的主要因素[2]；赵红雷和贾金荣基于国家"钻石"模型范式分析认为，一是中国玉米生产的要素禀赋不丰富，二是玉米深加工需求占比太低，三是机械、农资、加工业等辅助产业尚不发达，四是生产规模小，尚未形成规模经济，五是相较于美国、巴西等国家，中国政府补贴力度仍然较小。[3]

（二）饲料进口贸易研究

近年来，中国多种饲料产品的进口规模迅速扩大，专家学者对饲料的关注也逐渐转向进口贸易。从2010年开始，中国玉米贸易由净出口转变为净进口，并且，随着饲料需求的不断增长，大麦、高粱、DDGS等作为玉米的替代品开始大量进口用于畜禽养殖和饲料加工。杨艳涛和秦富运用协整理论、ECM模型和格兰杰因果检验实证研究了中国玉米进口量与国际市场价格之间的关系，结果表明，

---

[1] 梅楠、孙良媛：《我国玉米贸易竞争力与比较优势研究》，《经济纵横》2014年第11期。

[2] 刘树坤、杨汭华：《中国玉米国际竞争力状况及其影响因素》，《调研世界》2003年第11期。

[3] 赵红雷、贾金荣：《基于国家"钻石"模型的中国玉米国际竞争力研究》，《农村经济》2010年第7期。

国际市场价格对玉米进口量的影响程度大于玉米进口量对国际市场价格的影响程度,而且,国际市场价格对玉米进口量具有负向引导作用,但玉米进口量对玉米国际市场价格没有显著影响;这意味着中国玉米进口在国际市场上处于被动地位,缺乏定价权和话语权。[①] 周海川利用时间序列分析方法探究了 DDGS 进口价格波动对饲料产业链上下游价格的影响,长期来看,当 DDGS 价格上涨1%时,中国猪饲料、肉鸡饲料、蛋鸡饲料、玉米价格将分别上涨0.094%、0.110%、0.152% 和 0.134%;短期来看,DDGS 价格对猪饲料、肉鸡饲料、蛋鸡饲料以及玉米价格的影响分别持续 14 个、4 个、8 个、16 个月。[②] 此外,张琳等运用食物供需平衡表的方法分析了不同用途的大麦在中国的生产、消费和贸易状况[③],李靓和穆月英基于 CEM 模型分析了中澳大麦、玉米等粮食贸易增长的因素。[④]

部分学者考虑到不同饲料产品的多样性,将多种产品同时纳入研究框架中。赵金鑫等对中国饲料产品的进出口贸易特征进行研究发现,中国饲料产品贸易逆差主要来自大麦、高粱和 DDGS 等能量饲料的大量进口,工业制成饲料在国际市场上具有竞争优势;进口规模迅速扩张的过程

[①] 杨艳涛、秦富:《中国玉米进口贸易与国际市场价格相关性分析》,《价格理论与实践》2015 年第 12 期。
[②] 周海川:《DDGS 的进口对中国饲料产业的影响》,《中国农村经济》2012 年第 11 期。
[③] 张琳等:《中国大麦供需平衡及趋势分析》,《中国农业科技导报》2014 年第 4 期。
[④] 李靓、穆月英:《基于 CMS 模型的中澳粮食贸易及其影响因素分解研究》,《国际经贸探索》2015 年第 9 期。

中伴随着进口来源的多元化趋势。[①] 另外，利用三元边际方法对饲料产品进口增长的因素进行研究的结果表明，数量规模的扩大是饲料进口实现快速增长的主要原因，反映了对饲料产品的刚性需求；进口价格在历史上长期偏高，由于饲料进口结构逐渐得到优化，当前的进口价格水平已接近于国际市场平均值。[②]

可以看出，关于饲料贸易的研究主要以玉米为对象，研究视角逐渐由出口转向进口，主要与近年来中国饲料贸易形势的转变有关。进口规模迅速增长、进口产品多样化的新格局已经受到学术界关注，相关研究逐步开展。目前，在进口市场多元化、产品之间的替代关系、国内外价格传导等诸多方面都还存在较大的研究空间。

三　饲料进口替代关系研究

中国市场上饲料大规模进口还将持续很长一段时间，主要出口国在中国市场逐渐形成平衡的竞争关系，国外饲料对国内饲料的替代关系以及不同饲料产品之间的替代关系开始凸显。陈永福和韩昕儒在研究中阐述了大麦、高粱等饲料产品及畜产品进口对国内玉米的替代性，该研究认为，由于关税水平较低，当国内外价差扩大到一定程度时，国外玉米、玉米替代品及畜产品很容易对国内产品形成替代；低价进口产品对国内玉米产生替代的方式有两种：一是国外玉米对国内玉米的替代，二是国外 DDGS、高粱、

[①] 赵金鑫等：《中国饲料产品进出口贸易特征分析》，《世界农业》2016 年第 8 期。
[②] 赵金鑫等：《我国饲料产品进口增长的三元边际分析》，《农业技术经济》2017 年第 7 期。

大麦等产品对国内玉米的替代。另外，畜产品的大量进口实际上也替代了中国国内的饲料需求。[①]

进口产品对国内产品的替代主要产生于不同国家之间产品的价格差异。[②] 对于中国玉米替代品进口激增的原因，周曙东和郭丽认为主要有三个：一是进口替代品与国内玉米之间的价差明显，二是替代品进口没有配额限制，三是饲料加工企业通过调整配方提高了玉米替代品的利用率，有效节约了生产成本；进一步建立联立方程组模型研究发现，替代品进口价格对玉米饲料需求有显著的正向影响，并通过对玉米饲料需求的影响间接影响了国内玉米价格。[③]

替代品的进口影响了饲料粮的消费格局。范丹等利用饲料原料有效能值比较方法测算了进口替代品对国内玉米的替代数量，并建立联立方程模型分析了替代品价格红利与进口数量的关系，研究表明，玉米替代品价格红利是造成玉米替代品进口数量变动的最关键因素，也是近年来中国进口大量玉米替代品导致国内玉米过剩的最主要原因。当高粱、大麦、DDGS、小麦每千克的价格红利分别为 0.31 元、0.14 元、0.20 元、0.17 元时，进口量将维持均衡状态；当价格红利变高或者变低时，玉米替代品的进口量就会发生变化。[④]

---

① 陈永福、韩昕儒：《全球化背景下中国玉米市场过剩原因分析及对策探讨》，《经济问题探索》2016 年第 3 期。

② Paul S. Armington, "A Theory of Demand for Products Distinguished by Place of Production", *International Monetary Fund Staff Papers*, 1969, pp. 159 – 176.

③ 周曙东、郭丽：《玉米替代品进口对我国玉米市场的影响》，《广东农业科学》2016 年第 11 期。

④ 范丹等：《替代品进口对中国玉米消费市场的影响》，《中国农村经济》2017 年第 5 期。

国内外对进口产品替代关系的研究理论和方法逐渐趋于成熟,本书对国内外代表性文献进行了梳理,见表1-2。

综观现有研究,进口替代关系主要包括三个视角,即产品之间的替代性、国内产品与国外产品之间的替代性以及不同进口来源之间的替代性;比较流行的实证方法有Armington替代弹性、Rotterdam模型和AIDS模型等。

就实证方法而言,由于理论基础和假设条件不同,这三类模型在实际应用中各有特点。Armington替代弹性的基本假设是,对于不同国家生产的产品,其价格变动并不总是一致,即不同国家生产的产品具有差异性。[①] Armington替代弹性隐含的假定是产品之间的替代弹性是固定不变的,该指标反映了国内产品与进口产品之间相互替代的程度,主要用于可计算一般均衡模型(CGE)的福利分析、引力模型推导的前提假设等中间过程中;指标本身由于假设条件比较严格,其应用范围较小。[②] 因此,该方法对于饲料贸易研究可能具有较强的限制性。

Rotterdam模型有两种具体形式:一种是不区分来源的无差异进口需求模型,另一种是区分进口来源的差异化需求模型,两个模型的应用条件具有很大差别,需要对不同来源进口产品进行可分性检验和加总性检验。该模型的优点是数据检验和约束条件的设置更加简单易行[③];缺点在于该模型不是以消费经济学理论为基础的,在反映消费偏好

[①] Paul S. Armington, "A Theory of Demand for Products Distinguished by Place of Production", International Monetary Fund Staff Papers, 1969, pp. 159-176.

[②] 陆旸:《我国原油进口依存度的国别差异分析——基于Armington模型的实证检验》,《国际贸易问题》2008年第6期。

[③] 高颖等:《中国大豆进口需求实证研究》,《农业技术经济》2012年第12期。

表1-2 关注进口产品替代性的实证研究

作者	进口国	产品对象	产品间替代关系	国内与国外的替代关系	不同进口来源的替代关系	计量方法	时间特征	样本特征	指标
Seale et al. (1992)	加拿大、中国香港、新加坡和英国4个进口美国苹果的国家	苹果	无	无	有	Rotterdam模型	1662—1987年的年度数据	进口额、进口价格
Yang and Koo (1994)	日本	牛肉、猪肉、禽肉及其他肉类	有	无	有	SDAIDS模型	1973—1990年的年度数据	进口额、进口价格
Mutondo and Henneberry (2007)	美国	牛肉、猪肉和禽肉	有	有	有	Rotterdam模型	1995—2005年的季度数据	进口额、进口价格
陆旸 (2007)	中国	谷物、棉花等8种产品	无	有	无	Armington弹性	1995—2005年的年度数据	进口品的数量及价格、品的消费量、出口离岸价格
赵丽佳 (2008)	中国	大豆和油菜籽	有	有	无	Armington弹性	1991—2005年的年度数据	进口量和进口价格、国内产量和出口量、国内生产者价格
Chen et al. (2012)	中国	大豆和大豆油	有	无	有	Rotterdam模型	2005—2009年的月度数据	不同来源大豆、大豆油的进口数量和进口价格
高颖等 (2012)	中国	大豆和大豆油	有	无	有	Rotterdam模型	1999—2011年的年度数据	大豆和大豆油的进口额、进口价格

续表

作者	进口国	产品对象	产品间替代关系	国内与国外的替代关系	不同进口来源的替代关系	计量方法	时间特征	样本特征指标
赵殷钰和郑志浩（2015）	中国	大豆和大豆油	有	有	有	SDAIDS模型	1995—2013年的年度数据	大豆和大豆油的国内产值及国内价格，各进口来源的进口额及进口价格
张哲晰和穆月英（2016）	中国	玉米	无	有	无	Armington模型	2008—2014年的年度面板数据	中国从19个主要国家进口玉米的数量及价格，国产玉米消费量及价格
王佳友等（2017）	中国	大豆油、棕榈油、菜籽油、大豆及其他油脂油料	有	无	无	AIDS模型	1996—2014年的年度数据，分两个阶段的	油脂油料的进口额、进口价格

注：表中参考文献见附录。

方面不一定恰当。

Angus Deaton 和 John Muellbauer 提出的 AIDS 模型是一个更加灵活、能够恰当反映偏好的需求系统模型，该模型方便运算，并能够应用于可分的需求结构。[1] L. Alan Winters 率先对 AIDS 模型进行改进用于分析进口需求[2]，以此为基础，AIDS 模型被广泛应用于进口产品的替代性研究。

四 饲料市场的价格决定与价格传导机制研究

价格是市场供求状态的直接反映，价格的变动与传导能够反映市场的运行效率和整合程度。对饲料市场价格的研究主要包括四个方面：饲料的价格决定、区域间价格传导机制、产业链价格传导机制及国内外市场的价格传导机制。

（一）饲料的价格决定

饲料价格往往受到供求结构、经济形势及政府政策等多种因素的共同影响。供求关系作为最主要的因素决定了价格的形成，这是市场机制充分发挥作用的体现。王双进和李顺毅分析认为，影响玉米等粮食价格的因素可以分为内部因素和外部因素两个方面，内部的决定因素有市场供求总量、供求结构和生产成本等，外部因素包括国际市场价格波动对国内市场价格的传导作用以及国家相关政策的

---

[1] Angus Deaton and John Muellbauer, "An Almost Ideal Demand System", *American Economic Review*, Vol. 70, No. 3, 1980, pp. 312-326.

[2] L. Alan Winters, "Separability and the Specification of Foreign Trade Functions", *Journal of International Economics*, No. 17, 1984, pp. 239-263.

调整①。黄季焜等利用 GTAP‐E 模型对 2006—2008 年玉米等粮食的价格上涨原因进行研究发现，石油价格上涨和生物质液体燃料发展分别解释了国际玉米价格涨幅的 26.7% 和 38.4%，并显著拉动了中国玉米价格的上涨，政府控制粮价的政策在稳定国内粮食价格方面发挥了重要作用。② 罗锋和牛宝俊运用协整检验方法对影响玉米、大豆等粮食价格波动的因素进行研究，结果表明，国际市场价格波动对大豆价格具有显著的影响，对玉米的影响不显著。③ 李国祥分析认为，改革开放后，玉米等粮食价格形成机制的变迁以不断调适政府对价格水平决定的影响力为主线，经历了从政府直接控制价格水平到间接影响价格水平形成的转变，但一直没有找到粮食供求关系偏松状况下有效的价格形成机制；未来中国粮食价格形成机制改革的关键是政府在粮食价格水平决定中应发挥怎样的作用，而不是放任市场自发形成价格，否则中国粮食市场过度波动难以避免。④

(二) 饲料的区域流通及价格传导机制

中国的饲料市场具有明显的区域性特征。养殖业主产区和饲料工业发达地区跟饲用玉米主产区分处南北，使中

---

① 王双进、李顺毅：《粮食价格波动的成因及调控对策》，《经济纵横》2013 年第 2 期。

② 黄季焜等：《本轮粮食价格的大起大落：主要原因及未来走势》，《管理世界》2009 年第 1 期。

③ 罗锋、牛宝俊：《我国粮食价格波动的主要影响因素与影响程度》，《华南农业大学学报》(社会科学版) 2010 年第 2 期。

④ 李国祥：《我国粮食价格形成机制沿革的历史回顾与探讨》，《北京工商大学学报》(社会科学版) 2016 年第 4 期。

国粮食流向形成"北粮南运"的格局。① 辛贤等构建非线性空间均衡模型模拟了区域饲料粮生产、消费、价格和区域间贸易,结果表明,放开国内饲料粮的流通限制将使国内饲料粮需求增加,供给出现小幅度下降,同时价格将出现较大幅度下降;具体而言,国内贸易自由化使饲料粮过剩地区的价格上升,饲料粮短缺地区的价格出现不同幅度的下降。②

玉米是主要的饲料粮品种,随着中国粮食收购与销售市场全面放开,玉米能够在区域间进行流动,不同区域间的市场价格也出现联动变化,文春玲和田志宏使用Johansen协整检验、误差修正模型(ECM)和格兰杰因果检验对中国玉米市场的区域间价格传导进行研究得出,中国各地区的玉米市场之间存在长期稳定关系,市场价格存在共同变动趋势;各区域市场对其他市场的价格变动能够快速做出反应,市场运行效率较高;玉米价格在区域间传导的过程中,主销区处于价格先导地位,主产区处于被动接受地位。③

(三)饲料产业链及其价格传导机制

饲料产业依托于种植业,服务于养殖业,终止于食品零售业,具有较强的连带性,其发展受到产业链各个环节

---

① 饲料粮流通体制改革研究课题组:《我国饲料粮流通体制改革研究》,《中国农村经济》1998年第8期。
② 辛贤等:《畜产品消费增长对我国饲料粮市场的影响》,《农业经济问题》2003年第1期。
③ 文春玲、田志宏:《我国玉米市场整合及区域间价格传导研究》,《价格理论与实践》2013年第11期。

的影响。国际饲料工业联合会（IFIF）将饲料工业的商业模式划分为三类：第一类是独立的饲料企业，在饲料产业链的上、下游及某些相关产业中拥有很多交易伙伴；第二类是由畜禽养殖户共有的合作性质的饲料企业；第三类是整合型饲料企业，这类企业同时具备饲料加工、畜禽养殖、屠宰加工等产业链上多个环节的业务。Stefanie Bröring 研究认为，饲料产业商业模式的不同决定了其市场导向水平；整合型产业在链条上的信息传导更加畅通，而独立的饲料企业不能自动地获取消费市场相关信息，需要更加关注产业链上下游的各方交易关系与市场动向，即整个产业链条的市场导向，因而面临更大的挑战。①

由于原材料的共用性，饲料产业的供应链并不仅仅局限于畜禽养殖业，还涉及植物源性食品及生物质燃料等相关产业。范润梅和王征南分析了相关行业对饲料产业的影响，研究认为种植业产量价格的波动增加了饲料行业生产成本；小规模、低水平的养殖业引发饲料行情波动，制约了饲料产业的规模化发展；肉蛋奶消费增长间接拉动了饲料需求；玉米深加工行业与饲料行业之间存在玉米需求方面的竞争关系，这在一定程度上抬高了玉米价格，助推了饲料行业成本的上升。②

关于饲料产业链的研究，更多学者是从价格纵向传导的角度开展的。郭新宇等运用协整检验和 ECM 模型分析了

---

① Stefanie Bröring, "Establishing Chain Orientation on the Level of an Input Supplier of the Food Chain: How Market Oriented Is the Feed Industry?", *International Food & Agribusiness Management Association*, 19*th Annual World Symposium*, Budapest, Hungary, 2009.

② 范润梅、王征南：《产业链相关行业对饲料产业的影响分析》，《饲料工业》2014 年第 7 期。

玉米和豆粕价格波动对育肥猪饲料、肉鸡配合饲料和蛋鸡配合饲料价格的影响及其传导机制发现，由于玉米与豆粕的可替代性强弱不同、三种配合饲料中原料添加比例不同等因素，玉米和豆粕价格对三种饲料价格的影响存在差异，从短期来看，原料市场价格波动对饲料产品价格的引导作用有限。[①] 宁攸凉等对生猪产业链的价格传导关系进行研究发现，育肥猪饲料价格与猪肉价格的影响是相互的，长期来看，饲料价格对猪肉价格的影响较弱，并且存在价格传导的滞后。[②] 田波和王雅鹏选取玉米、饲料、生猪、猪肉四种商品组成猪饲料产业链体系，运用向量误差修正模型、脉冲响应函数、方差分析等方法研究了中国猪饲料产业链整合程度，研究结果表明，在短期内，"玉米—猪饲料""猪饲料—生猪"以及"生猪—猪肉"环节具有较强的价格关联性，长期内这些环节的整合程度不高；玉米价格对猪饲料价格以及生猪、猪肉价格均具有显著影响；从短期来看，各环节的价格波动主要受到自身惯性冲击的影响，长期内自身惯性冲击影响不断下降，产业链上下游市场价格的影响加强。[③] 周金城和陈乐一对中国生猪规模化养殖前后两个阶段的玉米—生猪价格传导关系进行研究发现，在规模化养殖之前，玉米与生猪的价格传导是非对称的，而

---

① 郭新宇等：《玉米、豆粕与饲料市场的价格联系》，《农业技术经济》2009 年第 1 期。
② 宁攸凉等：《中国生猪产业链价格传导机制研究》，《统计与决策》2012 年第 10 期。
③ 田波、王雅鹏：《中国猪饲料产业链市场整合分析》，《华中农业大学学报》（社会科学版）2014 年第 3 期。

规模化养殖以后呈现出对称的传导关系。[①] 叶云等以畜牧业产业链不同环节上市企业为样本,利用投入—产出（I-O）法测算了畜牧业产业链纵向整合程度。结果表明,饲料环节与下游的整合程度在逐渐提高,与上游的整合程度则非常低。[②]

（四）国内外市场的价格传导机制

随着中国粮食市场逐步放开,国内外市场联系日益紧密,诸多学者开始关注玉米等粮食产品国内外市场价格的关联性问题。国内外市场价格传递主要包括均值传递和波动传递两种具体形式。其中关于均值传递的研究主要采用误差修正模型（ECM）、向量自回归（VAR）模型或脉冲响应函数等方法。王丽娜和陆迁运用ECM模型和VAR模型对国内外玉米市场价格的动态关系和均值传递效应进行研究,发现玉米的国际市场价格与国内市场价格之间存在长期均衡关系,但国际市场价格变化对国内市场价格变化没有起到预期的主导作用,国际玉米期货市场的价格对国内玉米市场价格具有显著影响。[③] 文春玲等借助Johansen协整检验以及格兰杰因果关系检验探究了国内外农产品市场的价格关联性与传导机制,研究表明,主要农产品的国内市场价格与其国际市场价格具有长期稳定的价格关联性,

---

[①] 周金城、陈乐一:《我国生猪价格与玉米价格的动态传导关系研究》,《价格理论与实践》2014年第1期。

[②] 叶云等:《交易成本、制度环境与畜牧业产业链纵向整合程度——来自畜牧业不同环节上市企业数据》,《农业技术经济》2015年第1期。

[③] 王丽娜、陆迁:《国内外玉米市场价格的动态关系及传导效应》,《国际贸易问题》2011年第12期。

玉米的国际市场对国内市场具有定价权。① 徐建玲和钱馨蕾采用 Johansen 协整检验和 ECM 进行研究得出，玉米国内外市场价格长期和短期均有稳定的联动性，国内市场价格对国际市场价格的影响更显著，意味着中国玉米市场对外开放程度较高。② 揭昌亮等利用基于 LA – VAR 模型的格兰杰检验和脉冲响应函数分析得出，玉米进口与玉米国际市场价格在一定程度上具有相互影响；玉米国内市场价格冲击在短期内能够对国际市场价格产生影响，长期来看影响不大。③

研究国内外价格的波动传递则主要用到 BEKK 模型。肖小勇等运用 VAR – BEKK – GARCH（1, 1）考察了国际玉米价格对国内价格的溢出效应，结果表明玉米国际价格对国内价格不存在波动溢出效应。④ 李光泗和吴增明利用协整关系检验、VAR 模型和 BEKK 模型对国内外玉米价格的传导机制进行研究得出，玉米国内外市场之间尚未建立起紧密的联系，但玉米国际市场价格对国内市场价格具有显著的均值溢出效应；国际市场价格对国内市场价格的波动溢出效应是单向的，这也导致玉米国内市场价格的波动性更强。⑤

---

① 文春玲等：《我国农产品价格与国际市场关联性研究》，《价格理论与实践》2014 年第 3 期。
② 徐建玲、钱馨蕾：《国际与国内粮食价格联动关系研究》，《价格理论与实践》2015 年第 12 期。
③ 揭昌亮等：《国际粮价波动与我国粮食进口的互动关系研究》，《价格理论与实践》2015 年第 10 期。
④ 肖小勇等：《国际粮食价格对中国粮食价格的溢出效应分析》，《中国农村经济》2014 年第 2 期。
⑤ 李光泗、吴增明：《国内外玉米价格传导效应实证研究》，《价格理论与实践》2016 年第 11 期。

专家学者从价格决定和价格传导的角度对玉米等饲料的市场运行效率和机制进行了多维度的深入研究，得到了一些有价值的结论。随着多样化的饲料原料在畜牧生产中的应用渐趋成熟和广泛，饲料市场的运行也变得更加复杂。从现有文献来看，关于不同饲料产品之间市场影响机制的研究尚未受到关注。

五　对已有研究的述评

国内外专家学者在饲料的国内市场与供求、国际市场与进出口贸易、进口替代关系、市场的价格决定与价格传导机制等方面做了大量细致的研究工作，取得了丰硕的研究成果，为本书的进一步研究提供了方法指导，奠定了扎实的理论基础。本书对现有研究做出如下总结。

（1）由于中国饲料原料生产失去比较优势，贸易由净出口转向净进口，针对中国饲料贸易研究的重点也转向进口方面；能量饲料对中国饲料产业发展具有非常重要的意义，这成为学术界的共识。

（2）在饲料供给与需求的分析预测方面已经逐渐形成了适用的研究方法，尽管由于统计概念、数据质量、参数设置等原因，不同研究结果之间存在较大差异，但大部分研究得出的结论具有一致性，即中国未来的饲料需求仍将不断增长，进口成为弥补国内供需缺口的重要途径。

（3）国内外学者从产业链、国内外市场等多角度研究了玉米的价格传导机制，理论框架和研究方法逐渐得到完善，为本书进一步研究奠定了坚实的基础。

（4）部分学者已经关注到近年来饲料贸易出现的一些变化，国内外市场联系、饲料产品替代性等方面的经济关系在价格波动等冲击下可能发生较大改变，对国内市场、畜禽养殖业及饲料产业均产生较大影响，这些方面具有很大的研究价值。

目前，对中国饲料贸易的研究还存在以下三个方面的不足。

（1）随着饲料加工技术的改进和市场扩大放开，进口用作饲料的产品种类更加多样，目前对饲料贸易的研究主要以玉米为对象，对其替代品进出口贸易的研究仍然较少。

（2）对产品替代性的关注都是单方面的，对于多层次的进口产品替代和市场竞争关系尚未形成整体性的研究框架。中国市场上多样的饲料产品、不同的进口来源之间形成较复杂的替代关系和竞争格局，反映了中国市场的饲料需求结构和开放程度，也关系到国际市场对中国的饲料供给效率，需要进行整体性的深入探究。

（3）现有研究以宏观层面的市场与贸易分析居多，对饲料加工企业行为的分析尚显不足，宏观现象与微观机理的衔接仍然欠缺。饲料原料的进口及产品替代的行为主体是饲料加工企业，饲料原料进口结构发生剧烈变化的根源在于贸易开放环境下饲料加工企业追求利润最大化或成本最小化的决策行为。对饲料进口需求的研究还需要从行为主体的供给需求模型入手，探究其生产决策行为。

第四节 研究目标与主要内容

一 研究目标

本书的总目标：在充分考虑饲料生产和贸易上呈现的多产品、多市场的替代关系基础上，把握饲料进口需求的企业决策行为，识别出饲料进口增长的路径和主导因素；通过厘清饲料进口的需求偏好、产品替代和市场竞争关系，以及考察饲料进口市场与国内市场的一体化程度，对中国饲料进口的市场效率做出评价，旨在探讨扩大开放进程中合理统筹国内外市场、提高饲料供给效率的思路。

具体目标有五个：

（1）通过梳理饲料产业链上的供求机制以及饲料企业选择进口原料和进行产品替代的生产决策过程，明确饲料进口需求产生的微观机理，建立起本书的理论基础和逻辑框架；

（2）在厘清中国饲料市场供给、需求及进口贸易特征基础上，判明饲料进口增长的路径及主要影响因素，为饲料进口增长波动提供理论解释；

（3）定量识别对进口饲料的需求偏好、产品之间的替代关系以及主要进口来源国之间的市场竞争关系，对中国饲料进口市场上的需求结构形成准确而深入的认识；

（4）通过考察饲料国内市场价格与进口价格之间的关联性，把握国内外市场的一体化程度，对中国饲料市场的运行效率和对外开放水平做出评价；

（5）结合中国市场需求和国内农业生产条件，从提高饲料供给效率的角度对饲料贸易的发展方向做出判断和合理定位。

二 主要内容

本书的研究内容主要包括六个部分。

（一）饲料进口需求的企业行为分析

从微观角度来看，饲料进口需求涉及的核心主体是饲料加工企业。这一部分的研究从饲料产业链上的供需机制展开，旨在明确4个问题：①饲料产业链结构及产业链纵向一体化的理论基础；②产业链纵向一体化发展模式下，饲料加工企业面对的供给需求模式；③饲料加工企业行为目标；④饲料加工企业在开放市场环境下选择进口加工原料的决策过程。

（二）饲料市场供需及进口增长路径分析

饲料的进口需求取决于国内饲料市场上的供给需求状况，饲料进口增长是一个包含多种产品、多元化来源市场的进口增长问题。这一部分对中国饲料市场供给、需求、贸易特征进行梳理，进一步利用三元边际分解方法对饲料进口增长的路径进行研究。对饲料进口增长路径的研究具体从四个方面展开。第一，对饲料进口的价值总量进行三元边际分解，从整体上把握中国饲料进口增长的广度、数量边际和价格边际特征，通过计算各边际在进口增长中的贡献率，探明饲料进口增长的主要路径。第二，针对饲料进口增长的阶段性特征，分时段剖析了产品种类、数量、价格变化对进口增长的贡献。第三，选取了6个饲料进口的主要来源国，在双边贸易层面对饲料进口增长的路径进行探究。第四，针对研究结果的稳健性，本书利用核密度估计方法在双边贸易层面做进一步验证。

（三）饲料进口增长的动因分析

饲料进口增长对国内农业生产和饲料加工业发展均产生深刻影响，本书构建计量经济模型对饲料进口激增的主导因素进行识别，以回答饲料进口快速增长是国际低价驱动还是国内供需缺口拉动这一学术界仍存在争议的问题。这一部分的研究聚焦于进口增长凸显的能量饲料，首先，利用三元边际方法将能量饲料进口总量分解为扩展边际、数量边际和价格边际；其次，在引力模型框架下构建能量饲料进口总量及其三元边际的影响因素模型，这样可以将进口价格因素和影响国内需求的因素纳入同一研究框架，从而识别出各因素对能量饲料进口增长的影响程度，判明进口增长的主导原因。研究中考虑了分解得到的三元边际在供求框架下可能存在相互影响，故建立三元边际影响因素的联立方程模型加以解决。

（四）饲料进口产品替代性和市场竞争关系分析

中国饲料进口呈现规模不断扩大、产品种类多样、来源市场多元化的特征，不同饲料品种之间的替代关系以及各进口来源国之间的市场竞争关系初步形成，为此，该部分选择玉米、大麦、高粱和DDGS四种典型产品，利用区分来源的进口需求模型系统将四种饲料纳入同一研究框架，对中国饲料进口市场结构及其中的替代、竞争关系展开实证分析，作为饲料进口市场效率评价的内容之一。该部分主要探讨3个方面的问题：①针对现有相关研究中常用的两个进口需求模型系统AIDS模型和Rotterdam模型进行比较分析，利用Cox检验方法识别出更适合本书数据样本的模型，对该模型进行估计；②利用模型估计结果对各来源产品的支出弹性进行测算，厘清中国对不同品种、不同来源饲料的进口需求偏好差异；③通过测算各来源产品的自价格弹性及相互之间的交叉价格弹性，考察不同饲料粮产品之间的替代关系以及不同来源国之间的市场竞争关系，以期对饲料进口市场的竞争格局做出合理的判断。

（五）饲料进口市场与国内市场的关联性分析

对饲料进口市场效率进行评价的另一个维度是饲料国内市场与进口市场的关联程度。中国饲料市场逐步扩大开放是否促进国内外市场一体化发展、提高市场运行效率，也是评价市场开放水平的标准之一。该部分重点对中国饲料进口市场与国内市场的一体化程度进行考察，以此作为评价中国饲料市场运行效率和对外开放水平的依据之一。具体来讲，本书选择玉米作为代表性产品，利用格兰杰因果关系检验、VAR模型、脉冲响应函数、方差分解及协整检验等方法，对玉米国内市场价格与进口到岸完税价格之间的联动性进行考察。

（六）对扩大开放中国饲料市场的政策思考

统筹国内外饲料市场以提高饲料供给效率，需要综合考虑当前中国饲料进口市场状况以及国内农业生产、市场化改革等方面面临的问题。为此，本书最后结合研究结论，在饲料市场化改革、贸易开放等方面提出了政策思考。

第五节　研究方法与技术路线

一　研究方法

本书使用调查与案例分析、统计分析和计量经济分析相结合的方法，构建了饲料进口总量的影响因素模型、饲料进口三元边际的联立方程模型、区分来源的饲料进口需求模型、VAR 模型等，系统研究了中国饲料进口增长的实现路径、主导因素及进口需求结构。具体方法包括：

（一）调查与案例分析

选择北京、山西、山东、天津四地的 4 家典型饲料加工企业进行实地调研，在研究中通过归纳总结四家企业的发展模式和生产经营方式，采用案例分析法对产业链上饲料加工企业面对开放市场的生产决策行为进行研究。通过分析企业的行为目标和生产决策过程中的行为表现，能够明确企业选择进口饲料及进行产品替代的动机。

（二）统计分析

本书利用生产、贸易等方面的统计数据对中国畜产品消费、畜禽养殖业发展、饲料国内生产和进口等情况进行描述性统计分析，有助于把握中国饲料进口背后的市场供需状况。为探究饲料进口增长的实现路径，利用三元边际方法将中国饲料进口总量分解为进口广度、数量边际和价格边际，测算并比较了各边际对进口总量增长的贡献率。最后利用核密度估计方法在双边贸易层面检验了分解结果的稳健性。

（三）计量经济分析

为定量识别饲料进口增长的主导因素，本书构建了饲料进口总量的影响因素模型及饲料进口三元边际的联立方程模型，将进口价格因素、国内需求因素及政策因素等纳入同一框架，对饲料进口增长的动因展开分析。

在探讨中国饲料进口市场的产品替代关系及不同进口来源之间的市场竞争关系时，本书采用区分来源的进口需求模型，利用模型估计结果测算了各来源产品的支出弹性、自价格弹性以及各来源、各产品之间剔除收入效应的交叉价格弹性，以此定量分析中国饲料进口市场的竞争格局。此外，本书利用时间序列模型探讨了饲料进口市场与国内市场之间的价格关联性，以明确饲料市场的运行效率和国内外市场的一体化程度。

二　本书的技术路线

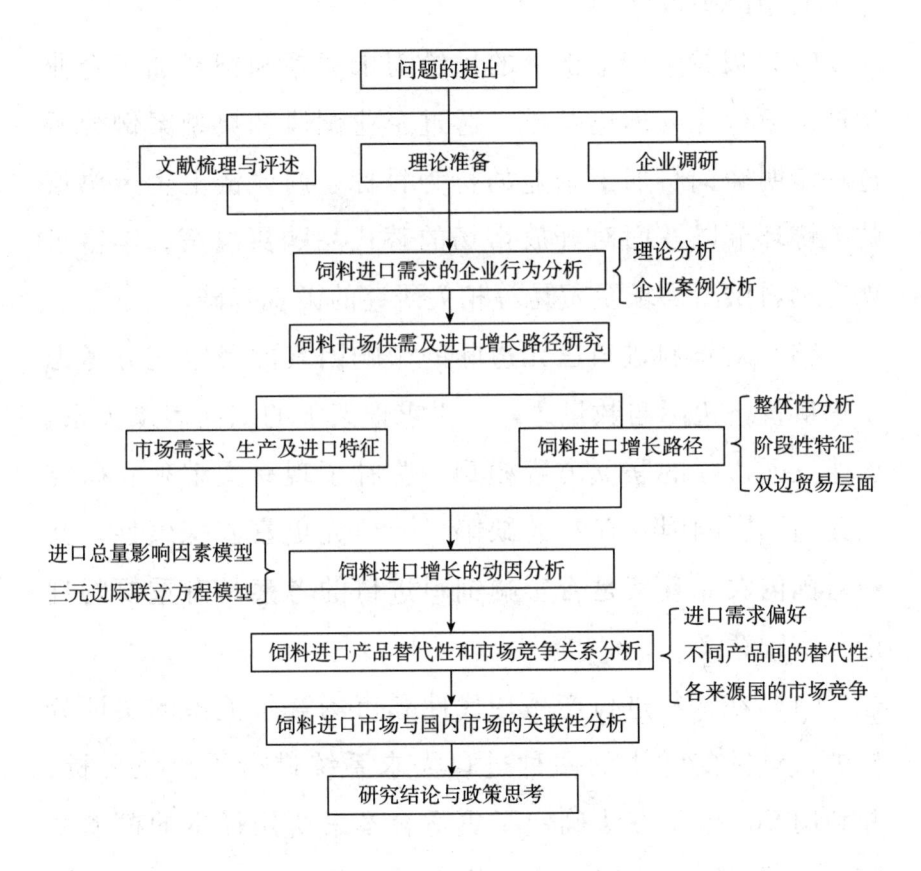

```
                    问题的提出
         ┌─────────────┼─────────────┐
    文献梳理与评述    理论准备      企业调研
         └─────────────┼─────────────┘
                          │
              饲料进口需求的企业行为分析 ┤ 理论分析
                          │              企业案例分析
              饲料市场供需及进口增长路径研究
                          │
         ┌────────────────┴────────────────┐                整体性分析
    市场需求、生产及进口特征         饲料进口增长路径 ┤ 阶段性特征
                          │                                  双边贸易层面
   进口总量影响因素模型 ┐    │
   三元边际联立方程模型 ┘ 饲料进口增长的动因分析
                          │                         进口需求偏好
              饲料进口产品替代性和市场竞争关系分析 ┤ 不同产品间的替代性
                          │                         各来源国的市场竞争
              饲料进口市场与国内市场的关联性分析
                          │
                    研究结论与政策思考
```

图 1-3　本书的技术路线

第六节　研究的创新点

（1）对饲料进口需求的研究充分考虑了能量饲料、蛋白饲料、饲料产品等多种类型产品及同类型产品中存在的产品替代关系，丰富了饲料市场相关研究的逻辑框架。本

书首先从整体上把握饲料进口的产品结构和市场结构，由面到点，层层聚焦，有助于准确把握饲料进口增长的敏感点及其中的关键问题。

（2）以饲料产业链上的供给需求关系和饲料加工企业生产决策行为为理论基础，通过企业调研和典型案例分析进一步明确饲料加工企业的行为目标、产业链上生产决策的关键环节以及面对开放市场的替代品购买决策，丰富了现有饲料供给需求及贸易等相关研究的微观基础。

（3）对饲料进口三元边际的影响因素的考察充分考虑了进口价格边际与数量边际在供求框架下的双向因果关系，构建三元边际的联立方程模型，弥补了现有文献独立研究三元边际影响因素存在的缺陷，使研究更富有探索性。其中对国内农业政策是否影响饲料进口的考察具有重要的理论和实践意义。

（4）在饲料进口产品替代性和市场竞争关系的实证分析中，对目前常用的两种进口需求系统进行了比较分析，并利用 Cox 检验方法确定了更适合本书所用样本的模型系统，打破了国内研究者任选模型的常规做法，使本书思路更加严谨，能够为今后关于进口需求、消费需求的相关研究提供借鉴和参考。

第二章 饲料进口需求的企业行为分析

饲料进口需求涉及的行为主体是饲料加工企业,在畜牧饲料行业朝着纵向一体化发展的背景下,厘清饲料产业链上下游的供求机制,明确饲料加工企业进口饲料及进行产品替代的动机及决策行为,是饲料进口需求研究的基础。为此,本书选择北京、山西、山东、天津四地的4家典型饲料加工企业及与其相关联的上下游企业开展实地调研,对饲料加工企业与产业链上下游之间的供给需求关系、企业发展模式及生产决策过程等各方面进行考察,调研提纲见附录。本书结合产业链纵向一体化理论、生产者行为理论及调研结果,对饲料产业链结构、饲料加工企业在产业链上的供需模式及行为目标、饲料加工企业在开放市场环境下的生产决策行为展开分析。

第一节 饲料产业链结构

本书根据对饲料产业链各环节的实地调查,刻画了如

图 2-1 所示的饲料产业链结构。

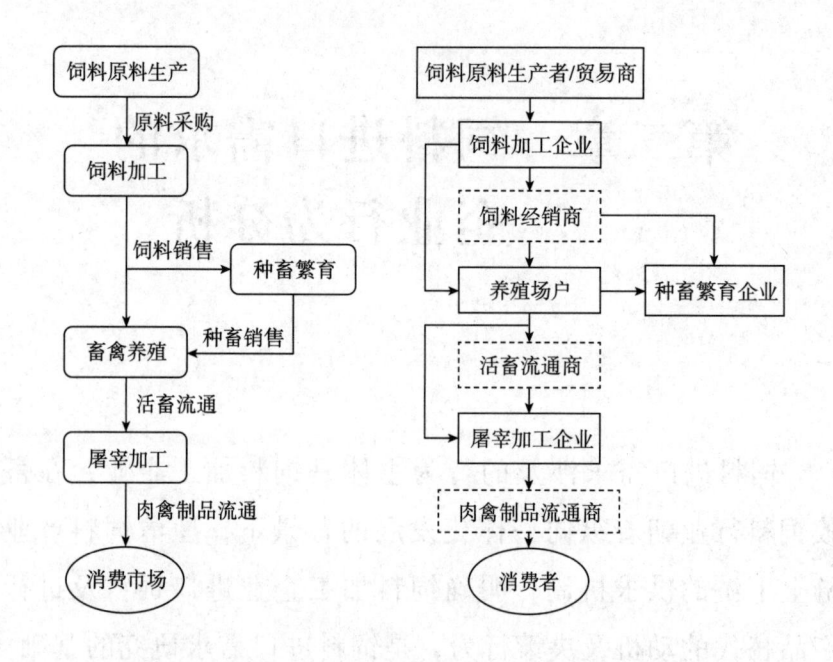

图 2-1 饲料产业链环节及主体间的供需关系

从产业链各环节来看，饲料产业链主要包括饲料原料生产、饲料加工、种畜繁育、畜禽养殖等；饲料加工服务于畜禽养殖，饲料产品通过畜禽养殖、屠宰加工及流通环节作用于终端消费市场。可以看出，饲料原料生产和饲料加工是产业链的源头，而产业链的核心环节是畜禽养殖。

从产业链各环节的行为主体来看，饲料原料生产者主要包括饲料粮种植农户及饲料原料生产企业，饲料原料贸易商包括国内的经销商、进口商以及国外出口商。饲料加工企业从国内外市场采购饲料原料进行饲料加工，饲料产品的销售途径主要有 3 个：

①在产业链纵向一体化的企业集团内，饲料产品直接

供应本集团的种畜繁育场、养殖场厂以及企业的合同养殖户。

②与集团外部的大型养殖场、种畜繁育企业合作，根据这些企业的需求代为加工饲料。

③通过饲料经销商销售给小型畜禽养殖场及散养户。前两种饲料销售途径是目前的主要销售模式，这种模式下饲料加工企业在产业链中扮演代加工的角色，即根据养殖端的需求代为加工饲料产品。

第二节　饲料产业纵向一体化发展的理论基础

纵向一体化是企业向其投入品产业或以其产品作为投入品的产业扩张。[①] 产业链纵向一体化正成为当前阶段饲料产业的主流发展模型。本书根据产业组织理论、交易费用理论和信息不对称理论对产业链纵向一体化的动因进行分析。

一　产业组织理论

产业组织理论以市场和企业作为研究对象，从市场角度研究企业行为或者从企业角度研究市场结构。[②] 产业组织理论对于产业链纵向一体化动因的解释主要有三个方面。

[①] 孙天琦：《国有企业的纵向一体化和纵向分解研究》，《西北大学学报》（哲学社会科学版）1999年第1期。

[②] 卫志民：《20世纪产业组织理论的演进与最新前沿》，《国外社会科学》2002年第5期。

第一,有助于增强企业的垄断势力,从而增加垄断利润。一方面,如果在生产者和消费者双边均存在行业垄断,将出现产品产量低、市场价格高的情况,生产者和消费者双方都将受到利益亏损;实施产业链纵向一体化能够打破双边垄断格局,使双方都获得收益。另一方面,实施产业链纵向一体化企业更容易在市场上获得竞争优势,提高该行业的市场进入壁垒。另外,具有垄断势力的企业通过产业链纵向一体化更易于采取价格歧视策略,从而获得更多的消费者剩余。

第二,能够实现对技术的获取和规模经济,从而降低生产成本。企业实行产业链纵向一体化后,能够将技术上存在较大差异的生产程序结合起来,一方面,有利于减少生产环节、降低生产成本,同时减少原材料和中间品的运输成本;另一方面,能够使设备的生产能力得到充分利用,获得更高的生产效率。

第三,能够降低投入品供给的不确定性与产品市场的不确定性,减少市场不确定性造成的损失。肯尼斯·阿罗认为,产业链上游容易存在产品供给的不确定性,下游主要表现为对产品市场需求的不确定性;如果产业链上游即投入要素的生产企业能够比下游终端产品生产企业获取更多市场信息,那么,下游企业会倾向于采取产业链后向一体化兼并措施,从而更充分地掌握投入要素的价格信息。[①]丹尼斯·卡尔顿和杰弗里·佩罗夫研究表明,价格刚性的存在导致上游的投入品企业倾向于前向一体化,目的是保

---

① 肯尼斯·阿罗:《信息经济学》,北京经济学院出版社1989年版。

证本企业投入要素的供给免受市场不确定性带来的负面影响。①

二 交易费用理论

该理论从降低交易费用的角度解释了产业链纵向一体化的合理性。企业采取产业链纵向一体化战略的主要原因是能够有效降低各环节的交易费用。市场交易成本主要涉及三个方面。一是信息成本，表现为在投入品采购和产品销售过程中对价格、产品质量及交易方信息的搜寻，对不同交易方信誉与产品特性的比较，以及对不同交易形式（货到付款、口头约定、书面合同等）的比较；实行产业链纵向一体化能够节约部分价格搜寻与产品比较的成本。二是谈判成本，发生于交易双方就交易条款进行协商与谈判的过程中，双方往往需要花费大量的时间和精力进行谈判以达成一致的意见，如果交易条件发生变化，还需要进行重新协商，增加新的谈判成本；产业链纵向一体化的优势就在于减少双方的信息搜寻成本，并保证交易过程更加顺畅。三是监督成本，表现在谈判达成后执行交易的过程中，产品质量、数量是否符合买方的要求，货款是否按照约定时间及时到账，都需要交易双方进行监督并发生一定费用；在产业链纵向一体化模式下，由于信息交互更加通畅，发生交易的两个部门对产品生产过程和产品质量有足够的了解，能够大大降低交易过程中的监督成本。

---

① 丹尼斯·卡尔顿、杰弗里·佩罗夫：《现代产业组织》，上海三联书店、上海人民出版社1998年版。

用图2-2描述交易成本理论下企业在市场购买与产业链纵向一体化之间的选择。交易成本（在图2-2中用B表示）主要受交易依赖程度的影响，企业对某一交易的依赖程度越高，交易成本就越高。企业实行纵向一体化后，一方面，为了有效管理新增加的部门，需要付出一定的管理费用，管理费用取决于纵向一体化前后企业规模的差异；另一方面，产业链延伸增加了平衡各环节生产能力的难度，产生机会成本，新增的管理费用和机会成本在图中用M表示。此外，实行产业链纵向一体化后，企业所需的投入品由内部生产取代了原来的市场购买，投入品生产成本与从市场购买的价格之差（D）取决于该产品是否难以获取以及该产品的生产是否存在规模经济。企业在战略上选择产业链纵向一体化抑或市场购买是通过比较市场交易成本（B）与纵向一体化后新增管理费用加新增成本（M+D）之间的大小进行决策的。如果市场交易费用B大于产业链纵向一体化后新增的管理费用及成本M+D，企业即选择实行产业链纵向一体化；反之，则选择市场购买。

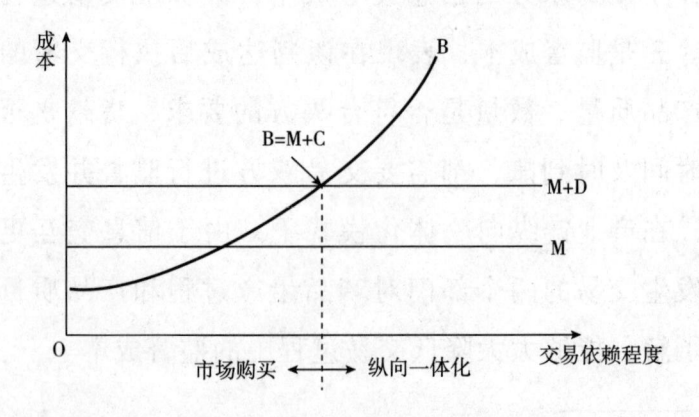

图2-2 交易成本理论下产业链纵向一体化决策

三 信息不对称理论

仵志忠将信息不对称理论概括为两点：一是交易相关的信息在买卖双方的分布不均等，即交易一方比另一方掌握更多信息；二是双方都很清楚自己在交易中占有信息的相对地位。信息不对称容易导致在交易完成前发生逆向选择，在交易发生后出现道德风险问题，可能带来生产劣质产品、市场上需求缺口与供给不足并存、不公平交易与不公平竞争等问题，严重降低市场运行效率。[1]

签订交易合同或者实行产业链纵向一体化的协作模式是降低交易双方信息不对称的有效途径之一。[2]产业链核心主体实行前向一体化或者后向一体化能够降低利益双方之间的信息不对称，加强对生产原料或终端产品的成本控制和质量控制，保证产业链上的供给需求平衡。

综合产业组织理论、交易费用理论和信息不对称理论对企业实行产业链纵向一体化的解释可以得出，企业采取产业链纵向一体化的优势在于增强企业垄断势力、获取技术和规模经济、降低原料和产品市场的不确定性、节约交易成本、降低各环节之间的信息不对称以加强成本控制和质量控制。在饲料产业链中，饲料加工企业通过与下游畜禽养殖企业或养殖户进行纵向协作或纵向整合，一方面能够减少饲料营销费用，节约交易成本，另一方面有助于饲料加工企业及时掌握畜禽养殖端的市场信息，根据市场需

---

[1] 仵志忠：《信息不对称理论及其经济学意义》，《经济学动态》1997年第1期。
[2] 宁攸凉：《生猪产业链主体纵向协作行为研究——以北京市为例》，博士学位论文，中国农业大学，2012年。

求调节生产，纵向一体化为饲料加工企业稳定了市场需求，提高了产能利用率，企业更易于实现规模经济。对于畜禽养殖企业而言，与上游饲料加工企业开展纵向整合往往能够以低于市场购买的价格获得饲料产品，大大降低了畜禽养殖的生产成本；同时，饲料产业链纵向一体化使畜禽养殖企业更易于掌控源头上的质量安全问题，提高肉禽产品质量。

第三节 饲料产业链供需模式及企业行为目标

一 调研企业的基本情况

为研究方便，本书将位于北京、山西、山东和天津的4家被调研企业分别命名为XW、DX、RD和DC。表2-1是整理得到的各企业的基本情况。

从企业的产业链建设情况来看，XW公司起步于饲料加工，经过20多年的发展，主营业务延伸至饲料生产、种畜禽繁育、畜禽养殖和屠宰加工等产业链各个环节，是典型的前向一体化经营模式；生产的饲料部分外销，部分供应本企业集团的养殖场或合同养殖户。DX公司发端于肉鸡养殖，通过产业链前向和后向整合，将主营业务拓展为饲料生产、肉种鸡繁育和屠宰加工；目前该企业没有自己的畜禽养殖板块，主要通过与养殖农户签订合同开展纵向协作，生产的饲料大部分供应合同养殖户，极少部分对外销售。RD 公司核心业务板块是肉鸭养殖和屠宰加工，通过产业链后向一体化发展，将饲料生产、种鸭繁育纳入企业的主营业务范围；生产的饲料部分外销，部分供应本企业的养殖场。DC 公司以饲料加工为主，在部分场区逐步发展"饲料生产—肉鸡养殖—肉鸡屠宰加工"的产业链纵向一体化经营模式；生产的饲料主要外销，少数投放于本企业的肉鸡养殖。

表 2–1　　　　调研饲料加工企业的基本信息

项目	XW	DX	RD	DC
企业所有制形式	私营	私营	私营	私营
企业经济性质	股份有限公司	有限责任公司	有限责任公司	有限责任公司
成立时间	1998 年	1998 年	2004 年	2007 年
总资产（亿元）	479.44	2108	7.6	39.03
职工数量（人）	61318	1000 以上	4100	10000 以上
营业收入（亿元）	690.63	142	27	71.92
主营业务	饲料生产，种畜禽繁育，肉禽养殖，生猪养殖，屠宰加工	饲料生产，肉种鸡繁育，屠宰加工，畜禽养殖机械	饲料生产，肉种鸭繁育，肉鸭养殖，屠宰加工	饲料生产，肉鸡养殖，肉鸡屠宰加工
饲料产品类型	禽饲料，猪饲料，水产饲料	禽饲料，猪饲料	禽饲料，猪饲料，水产饲料，反刍饲料	猪饲料，鸡饲料
饲料年产量（万吨）	1714.8	106	100	80
饲料销售收入（亿元）	394.19	36.57	25	42.49
饲料销售利润（亿元）	30.02	2.9	2.14	3.20

二　饲料加工企业在产业链上的供需模式

四家企业的生产经营模式能够反映中国饲料产业的现

状,产业链纵向整合是饲料加工企业和畜禽养殖企业发展的主流方向。在这种模式下,饲料加工企业在产业链中扮演代加工的角色。

代加工是产业变迁的产物。产业链各环节的利润分配相对公平,才能保证产业的长久稳定发展。在产业发展初期,饲料生产企业、屠宰企业和肉制品加工企业均可以获得丰厚的生产利润,而养殖业以散户居多,养殖户可获得的利润非常少,却承担着大部分的市场风险。畜禽养殖业的规模化发展以及饲料产能的过剩促使饲料加工企业与畜禽养殖企业开展合作经营,以获得稳定的市场需求。这使饲料加工企业必须为养殖业承担部分风险,并让利于畜禽养殖,代加工饲料企业应运而生。

从产业链角度来看,饲料加工企业面对着对饲料原料的需求以及对畜禽养殖端的供给,即采购饲料原料和销售饲料产品。在饲料销售的三种不同途径下,饲料加工企业在统筹生产和产品定价策略上有所差异。对于供应本企业集团所属养殖场的饲料,企业按照养殖场在各养殖阶段下的饲料需求制订生产计划;饲料的结算价格按照"生产成本+费用"的标准进行核算,不计利润。对于以合同或订单形式销往企业外部大型养殖场的饲料,企业按照合同约定的时间、数量安排生产,生产频率低于自销饲料的生产频率;在产品定价上,一般以"成本+费用+利润"为依据,参考签订合同时的市场行情进行调整,合同价格一经约定不再更改。对于通过饲料经销商销往养殖散户或小型养殖场的饲料,企业根据估算的当地市场需求及当前的饲料销售情况制订下一期的饲料生产计划；产品定价以"成本+费用+利润"为依据，并根据当前的市场行情进行调整。

总的来看，饲料企业作为代加工性质的投入品供给方，其生产计划是由畜禽养殖环节的饲料需求决定的。饲料加工企业向代加工模式转型至少具有以下三个方面的优势。

第一，有利于提高饲料加工的产能利用率，降低生产成本。通过饲料加工企业调研了解到，一些大型饲料企业的主要销售渠道仍然是通过经销商销售给散养户或小型养殖场，这类企业的产能利用率只有50%左右，产能严重过剩。代加工模式下，虽然饲料加工企业得到的单位利润率有所下降，但是生产的规模效应凸显；由于饲料需求稳定，企业的产能能够得到最大限度的利用，从而提高设备利用率和工人的劳动生产效率，降低生产成本。

第二，有利于降低饲料加工企业的销售成本。饲料加工企业面对养殖场和散养户的传统销售策略多采用人海战术，销售范围需要覆盖到销售区域内的每一个养殖场户以抢占当地市场，为此，企业在广告宣传等方面要花费更多的人力、物力和财力。调研了解到，传统销售模式下，销售成本大概占到总成本的10%—20%，有时甚至超过了企业的利润率水平。代加工模式下饲料的销售不需要通过中间商，直接对接大型养殖企业或者本企业集团内的养殖场，大大削减了企业的销售成本。

第三，有利于饲料加工企业树立品牌形象。饲料加工企业目标客户群体单一，覆盖范围有限，品牌效应易于凸显。代加工是企业树立品牌形象的起点，一方面，为规模养殖场代加工能够起到较好的广告效应；另一方面，规模养殖场为保证产品符合质量要求，会对代工过程进行严格的监督，饲料加工企业想要获得更多的优质客户或者更深远的合作，也会提高自身的经营管理水平，加强质量控制，从而为品牌塑造打下坚实的基础。

从社会分工角度来看，饲料代加工有利于提高生产效率；从代加工的本质来看，饲料加工企业处于"买方市场"环境，是市场价格的接受者，不享有定价权。由于市场地位不平等，畜禽养殖企业可能会利用市场优势压低饲料产品价格。

三 饲料加工企业的行为目标

根据生产者行为理论，生产者发生行为的动力因素有三个：一是生产者的需要，二是行为动机，三是行为目标[①]，本书用图2-3刻画这三个因素对生产者行为的作用。

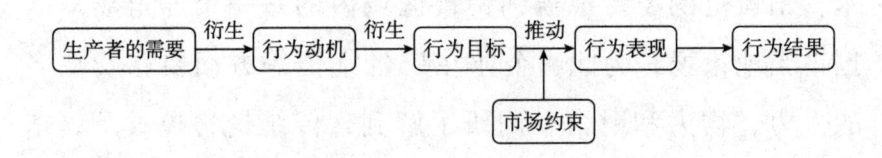

生产者的需要 →衍生→ 行为动机 →衍生→ 行为目标 →推动→ 行为表现 → 行为结果
　　　　　　　　　　　　　　　　　　　　　↑
　　　　　　　　　　　　　　　　　　　　市场约束

图2-3　生产者行为发生过程

饲料加工企业作为进口饲料原料的行为主体，是典型

[①] 李孝忠：《中国大豆主产区农户生产行为与影响因素研究》，博士学位论文，中国农业大学，2009年。

的生产者。根据生产者行为理论，生产者的目标是在有限理性和经济约束下最大化其期望效应。产业链纵向一体化是饲料加工企业或畜禽养殖企业在选择受限制的情况下做出的有限理性决策，其最终目标是实现利润最大化。

在全产业链视角下，纵向一体化企业利润的核心来源是输送到终端消费市场上的肉禽制品；在肉禽制品生产规模既定的情况下，企业最大化自身利润的关键在于控制养殖成本。本书根据对DX公司一家肉鸡养殖规模为3万只的合同养殖户的调研，整理得到某一批次肉鸡的养殖成本构成，见表2-2。该批次的养殖入雏34500只，实际出栏31820只，成活率为0.92%，能够反映出无动物疫情的市场状态下的养殖情况。

表2-2　　　　　　　　肉鸡养殖成本构成

项目	批次合计成本（元）	单只成本（元/只）	成本占比（%）
鸡雏	131100	4.12	20.85
饲料	415622.4	13.06	66.09
兽药	22593	0.71	3.59
防疫费	3105	0.10	0.49
饲料运费	3416	0.11	0.54
毛鸡运费	5312	0.17	0.84
水、电、煤及人工	47730	1.50	7.59
成本总计	628878.4	19.76	100

资料来源：根据企业调研结果整理，表2-3至表2-5同此。

从肉鸡养殖的成本结构可以看出，一只鸡从入雏到出栏的养殖总成本约为19.76元/只。其中，饲料成本为13.06元/只，在养殖成本中占比最高，为66.09%；其次是鸡雏成本，为4.12元/只，占养殖总成本的20.85%；饲料和鸡雏成本合计占到肉鸡养殖总成本的85%以上。肉鸡养殖的成本结构反映出饲料成本在养殖成本中的重要程度，因此，在畜禽养殖环节，控制饲料成本成为养殖成本控制的主要措施。

总的来看，饲料加工企业按需生产，并且面对的是"买方市场"环境，饲料产量和产品定价都是既定的，其行为目标主要是降低市场风险和节约生产成本。在很多实行产业链纵向整合的企业中，80%以上的饲料产品用于供应本企业集团内的养殖场及合同养殖户，饲料生产环节的核算不计利润，因此，饲料加工环节的企业目标是在保证饲料营养全面、质量安全的前提下，尽可能地降低生产成本，以实现全产业链上的利润最大化。

第四节 企业进口饲料的决策行为

本书以DX公司饲料生产过程中的成本控制与决策行为为例，通过分析饲料生产的成本构成以及企业面对原料市场波动时做出的生产调整，在微观层面探究饲料原料之间的产品替代性以及企业选择进口饲料的动因。

一 典型饲料企业的生产成本构成

以DX公司肉鸡饲料生产成本为例，1吨饲料的完全费用按2500元计，其中饲料加工原料成本为2100—2200元，占吨完全费用的84%—88%。其他饲料加工成本包括包装费、水电费、设备折旧、直接人工等，合计为220—320元，占9%—13%。生产费用、财务费用、管理费用、经营费用合计约为80元/吨，占3%左右。

可以看出，饲料原料成本在饲料加工成本中占主导，控制饲料加工成本的关键在于控制饲料原料成本，即在饲料原料的采购环节加以控制。

二　企业采购饲料原料的国内外渠道

从饲料配方成分来看，饲料加工原料中用量最大的是玉米和豆粕，其中玉米在饲料配方成分中约占60%，豆粕约占15%；其他饲料原料包括油脂、大麦、高粱、陈化小麦、杂粕、粮食加工副产品以及氨基酸、维生素、微量元素、功能添加剂等，在饲料配方中的用量均较少。大麦、高粱、油脂、杂粕、粮食加工副产品等主要是在玉米、豆粕市场价格出现明显上涨时用于部分替代玉米和豆粕，以降低饲料生产成本。理论上，在饲料加工中，所有含蛋白、能量或纤维的食材、食品加工副产品都可以用作饲料加工原料，前提是要考虑营养成分与价格之间的料价比以及法律法规中有关禁止动物同源性污染的要求。

饲料原料采购是饲料加工企业控制生产成本的关键环节。从饲料原料的采购渠道来看，国产玉米可以通过以下三个渠道获得。

(1) 企业挂牌收购当地农户的玉米。由于无法获得采购发票，这一渠道只适合于内控管理相对灵活的非上市公司。

（2）与实力较强的粮商、粮库签订采购合同。由于存在玉米的过筛、烘干等处理环节，该渠道玉米采购的价格往往高于挂牌收购，产品质量也相对更好。

（3）通过中储粮及国家粮食交易中心的网站参加国库竞拍，这一采购渠道对企业资质有一定要求，且交易条件相对苛刻，企业没有选择产品质量和退货的权利。

采购国内豆粕、油脂等其他饲料原料的主要途径是与供应商签订采购合同。

采购进口饲料原料的品种主要包括玉米、鱼粉、乳清粉、木薯渣、DDGS、大麦和高粱等，其中玉米进口需要获得进口配额。进口饲料原料的渠道主要有3个：

（1）企业根据国外粮商报价与其进行交易，企业通过货代公司办理商品的通关和检验检疫手续。

（2）企业向国内代理商提供国外供应商信息，由国内代理商进行代理开证和采购，企业与代理商之间进行人民币结算。

（3）直接采购国内贸易商进口的饲料原料，这种交易方式类似于国内采购。

在对进口大宗饲料原料的选择倾向性方面，中国南方地区与北方地区的饲料加工企业之间存在差异。北方地区是玉米、大豆等原料的主产区，原料供给充足，一般情况下对进口的玉米替代品的需求较小。南方地区是玉米主销区，使用国产玉米需要从东北或西北地区主产省采购，与北方地区企业相比需要支付更多的运输费用。目前，我国粮食从产区到销区的物流成本约占粮食销售终端价格的

20%—30%（杨艳涛、秦富，2017），并且，南方地区企业临近的贸易港口较多，因此，在国内玉米价格偏高的情况下，使用进口的饲料原料往往比使用国内玉米成本更低。

三 国内外原料价格波动下的企业决策行为

饲料加工企业主要通过原料采购以及调整饲料配方中的原料结构来控制饲料加工的生产成本。面对饲料原料国内市场或国际市场的波动，在原料采购环节，企业通常利用库存和订单调节生产。例如，当国内玉米、豆粕等用量较大的大宗饲料原料的价格出现较大幅度的上涨时，企业将通过增加库存或者提前与粮商签订采购订单进行屯粮；如果国际市场上出现具有价格优势的饲料原料，企业将采购更多进口原料并减少对同类国内原料的采购。

在饲料加工环节，饲料原料国内外市场价格出现较大幅涨跌将直接影响饲料的生产成本，企业通常的做法是适时对饲料配方进行调整，在保证营养成分标准的前提下力求原料成本的最小化。表2-3至表2-5是DX公司蛋鸡料生产配方根据加工原料的市场行情进行调整的过程，其中，表2-3是配方中各种原料的市场价格及其变化情况，表2-4是1吨饲料的配方中各种饲料原料的用量调整，表2-5是饲料配方的营养成分变化情况。

DX企业在某一时期按照初始配方A加工蛋鸡饲料，该配方中的原料全部来自国内市场；按照当时各种饲料原料的市场价格（见表2-3）计算，生产1吨饲料的原料成本为2006元。之后，国际市场上粮食价格出现下跌，进口饲用大麦的价格由 2.11 元/千克下降到 1.84 元/千克；假设国内饲料原料价格均未发生变化，企业为降低饲料加工成本，重新设计了蛋鸡饲料生产配方 B。该配方中增加了进口大麦的使用，替代了原配方中的一部分玉米，同时，由于大麦中的蛋白含量比玉米高，在配方 B 中同时减少了芝麻粕的用量，调整后配方 B 的营养成分与初始配方 A 相差不大（见表 2-5），各项营养成分指标均保持在标准范围内，但饲料原料成本下降为 2001.36 元/吨，比配方 A 的成本下降了 4.64 元/吨。

表 2-3　　　　配方中饲料原料的市场价格　　　单位：元/千克

原料名称	配方 A	配方 B
玉米	1.84	1.84
43 豆粕	2.72	2.72
芝麻粕	2.30	2.30
白石粉（粒）	0.24	0.24
磷酸氢钙	1.93	1.93
大豆油	5.50	5.50
饲料级氯化钠	0.43	0.43
324 预混料 1%	8.1	8.1
进口饲用大麦	2.11	1.84
蛋氨酸（固体）	20	20

表 2-4　　　　1 吨蛋鸡饲料的生产配方

原料名称	配方 A	配方 B
玉米（千克）	621.50	573.30
43 豆粕（千克）	230.00	230.00
芝麻粕（千克）	25.50	14.20
白石粉（粒）（千克）	90.00	90.00

续表

原料名称	配方 A	配方 B
磷酸氢钙（千克）	10.00	10.00
大豆油（千克）	10.00	10.00
饲料级氯化钠（千克）	3.00	3.00
324 预混料 1%（千克）	10.00	10.00
进口饲用大麦（千克）	—	59.50
蛋氨酸（固体）（千克）	—	—
原料总成本（元）	2006.00	2001.36

表 2-5　　　　蛋鸡饲料配方营养成分　　　　单位:%

营养指标	配方 A	配方 B
粗蛋白	16.31	16.30
水分	12.9	12.8
粗脂肪	3.75	3.61
粗灰分	12.58	12.52
钙	3.60	3.57
总磷	0.49	0.49
有效磷	0.28	0.28
盐分	0.36	0.36
可消化赖氨酸	0.56	0.58
可消化蛋氨酸	0.232	0.226
可消化含硫氨酸	0.232	0.255

通过对 DX 公司饲料原料采购及饲料配方调整过程的分析可以看出，饲料加工企业的生产决策行为均以降低生产成本为主要目标。在饲料原料市场出现较大幅度的价格波动时，企业能够在原料采购和生产配方设计环节迅速做出反应，利用不同饲料原料之间在营养成分上的可替代性调整饲料配方中的原料结构，实现生产成本的最小化。面

对开放的市场环境，饲料加工企业在饲料原料采购方面有更多的产品选择，尤其对于南方地区的饲料加工企业来说，由于远离北方玉米主产省，需要支付额外的原料运输成本，在国内玉米价格出现上涨或者国际市场上大麦、高粱等玉米替代品价格较低时，选择进口饲料原料能够有效降低饲料生产成本。

第五节　本章小结

本章结合产业组织理论、交易费用理论和信息不对称理论对饲料加工企业实行产业链纵向一体化发展的原因做出了解释，结合企业案例深入剖析了饲料加工企业在产业链中的角色、企业目标及生产决策过程，旨在探究开放市场环境下，饲料加工企业选择进口饲料原料及进行产品替代的动因及内在机理。

（1）企业出于增强垄断势力、获取技术和规模经济、降低原料和产品市场的不确定性、节约交易成本、降低各环节之间的信息不对称等目的实施产业链纵向一体化发展，这是饲料加工企业和畜禽养殖企业的主流发展模式。在这种发展模式下，饲料加工企业扮演代加工角色，处于"买方市场"环境，是市场价格的接受者，不享有产品定价权。

（2）饲料产业链的核心环节是畜禽养殖，为了实现产业链终端的利润最大化，产业链的各个环节都需要控制生产成本，其中饲料加工环节是成本控制的关键点；饲料加工企业的行为目标是在保证产品质量安全及营养健康前提下实现生产成本最小化，主要通过原料采购及饲料配方调整两个环节实现。

（3）面对开放的市场环境，饲料加工企业在饲料原料采购方面有更多的产品选择和市场选择。在国内玉米价格出现上涨或者国际市场上大麦、高粱等玉米替代品价格较低时，企业更倾向于选择进口饲料原料以降低饲料生产成本。这种倾向性在南方非玉米主产区表现尤为突出。

第三章　饲料市场供需及进口增长路径研究

对进口饲料的需求取决于国内饲料市场上的供给需求状况。饲料需求是一种引致需求，它的直接需求来源于畜牧业生产，源头在于对畜产品的消费需求，饲料供给涉及原料的生产和饲料加工，任何一个环节的市场状况发生变化都牵动着国内市场的均衡状态发生改变，继而引起饲料进口需求的变化。

中国饲料进口增长是一个包含多种替代性产品、多元化来源市场的增长问题，研究饲料进口需求首先需要厘清在这样复杂的进口市场格局下，进口增长主要沿着哪个路径实现。具体来讲，进口增长来源于数量上的变化还是贸易产品与贸易伙伴国的新增？抑或是进口价格上的变化？为此，本章在把握中国饲料市场供给需求特征基础上，利用三元边际方法对多重替代关系格局下的饲料进口增长路径进行探究。

第一节 饲料市场需求分析

一 畜产品消费需求与养殖业发展

饲料市场需求产生于国民经济发展和生活水平提高带来的畜产品消费需求增长。根据联合国粮农组织统计，2018年中国人均肉类消费量为61.78千克，比2000年的44千克增长40.4%，年均增长1.9%。随着城镇化发展的加快推进，对饲料的需求将呈现刚性增长趋势，国务院发展研究中心研究得出，农村人口向城镇转移带来畜产品消费增长，将引起饲料用粮需求增长75千克/人。

畜产品消费数量持续快速增长的同时，消费者对畜产品质量的要求不断提高，推动畜禽养殖业向着规范化、规模化方向不断发展，对饲料原料和饲料产品的需求与传统养殖方式相比成倍增加。表3-1是中国不同规模生猪和肉鸡养殖的饲养场户数量变化情况，可以看出，2007—2017年的十年时间里，生猪养殖规模在50头以下的饲养场户数量以及肉鸡养殖规模小于2000只的饲养场户数量均大幅减少，意味着散养户正加速退出市场；规模以上养殖场数量不断增加，并且在出栏数量上，少数的规模养殖场占据较大的市场份额。

规模化养殖相较于散户养殖消耗更多饲料的原因在于，传统的散户养殖模式下农户习惯于用青贮饲料、泔水等代替部分饲料，而在规模化养殖场中，为了有效提高养殖效率、

表 3-1　　　　不同规模的畜禽饲养场（户）数量　　　单位：万个

品种	年出栏数（头/只）	2007 年	2009 年	2011 年	2013 年	2015 年	2017 年
生猪	1—49	8010.48	6459.91	5512.95	4940.25	4405.59	3571.88
	50—99	157.76	165.39	172.47	161.99	147.96	120.93
	100—999	62.57	81.91	93.94	100.29	93.29	73.66
	≥1000	4.09	6.51	8.08	9.06	9.05	8.20
	合计	8234.91	6713.72	5787.43	5211.60	4655.90	3774.66
肉鸡	1—1999	2861.30	2660.92	2507.92	2317.21	2081.48	1871.02
	2000—9999	38.82	34.83	33.54	28.03	24.08	17.50
	10000—49999	13.11	15.50	15.92	14.08	13.42	8.90
	≥5 万	1.27	1.89	2.59	2.81	2.79	2.80
	合计	2914.50	2713.15	2559.97	2362.12	2121.78	1900.23

资料来源：国家统计局。

降低畜禽养殖的料肉比从而降低养殖成本，养殖场均采用营养配比更加科学且标准化生产的饲料产品。根据胡小平和高洪洋的研究，从 2001—2013 年，每头散养生猪平均的耗粮数量为 191.42 千克，每头规模养殖生猪平均的耗粮数量为 196.16 千克，每头猪平均多耗粮 4.74 千克。[①]

二　畜禽养殖业发展的阶段性

本书对中国畜禽养殖业经历的主要发展阶段进行梳理，以把握不同阶段发展模式下对饲料需求的变化趋势。纵观中国畜禽养殖业发展的历史特征，可以总结为四个阶段。

---

① 胡小平、高洪洋：《我国生猪规模化养殖趋势成因分析》，《四川师范大学学报》（社会科学版）2015 年第 11 期。

（一）起步阶段（1949—1977 年）

新中国成立之初，由于经历了长期战乱，家畜匮乏，加之草原灾害频发、疫病流行，畜牧业生产力水平很低。1949 年，全国大牲畜存栏数 6002 万头，猪存栏 5775 万头，羊存栏量为 4234 万只；全国肉类总产量为 220 万吨，人均肉类占有量仅 4.1 千克。[①]

新中国成立后，政府陆续颁布禁止宰杀耕畜、奖励耕畜繁育、防治动物疫病等一系列保护和奖励繁育耕畜的政策制度[②]，目的是为生产粮食提供肥料和畜力，为粮食生产提供投入品保障，以解决长期存在的温饱问题。具体规章制度包括《家畜保护暂行条例》《种公畜、候补种公畜选定及奖励暂行办法》以及《家畜防疫暂行条例》等。为了获得肥料，提倡家家养猪、户户积肥。截至 1977 年年末，中国大牲畜的存栏数量超过 9 万头，猪存栏量接近 3 亿头，羊存栏约 1.6 亿只；猪牛羊肉和禽蛋产量分别达到 780.5 万吨和 207 万吨。

这一时期的畜牧业均为家户养殖模式，养殖规模很小，对饲料的需求量也很少，以青贮、玉米粉、泔水等为主要饲料。

[①] 李瑾：《畜产品消费转型与生产调控问题研究》，中国农业科学技术出版社 2010 年版。

[②] 徐雪高等：《中国畜牧业发展的历程与特征》，《中国畜牧杂志》2011 年第 20 期。

（二）快速发展阶段（1978—1996年）

随着市场化改革的不断推进和家庭联产承包责任制的实行，中国畜禽养殖业得到快速发展。这一时期的畜禽养殖业发展主要呈现三个特点。

第一，生产力水平取得全面提升，市场上的畜产品基本实现供需平衡。中国政府从1979年起鼓励家户养殖，陆续颁布《中共中央关于加快农业发展若干问题的决定》和《关于加速发展畜牧业的报告》。1985年政府完全放开畜产品定价，由于畜产品需求旺盛，畜禽养殖业成为利润丰厚的产业之一，生猪、大型牲畜等传统的养殖业取得快速发展，肉鸡和蛋鸡逐渐形成规模化养殖。在这一阶段中，粮食增产为畜禽养殖业的快速发展提供了物质基础；畜禽养殖的良种率和出栏率大幅提高，主要得益于畜牧兽医方面的科研、教育的发展。

第二，耗粮较少的家禽及草食家畜的养殖比重增加。随着农业机械化水平的大幅提高和化肥、农药的广泛使用，家畜提供畜力和肥料的作用逐渐弱化，役畜逐渐转化为役产兼用畜和产畜。这一时期，由于粮食的人均占有量仍然较少，生猪养殖发展缓慢，家禽和草食家畜等低耗粮养殖业得到快速发展。这一时期，猪的存栏数量增长明显放缓；猪肉产量占肉类总产量的比重出现大幅下降，禽肉及牛羊肉的占比均不断增加。

第三，畜禽养殖业市场化发展进程加快。国务院于1985年颁布了《关于进一步活跃农村经济的十项政策》，对中国农产品国内市场的流通体制进行改革，使畜牧业生产逐步走向市场化，打破了畜产品国家独营的格局，形成国家、集体、个人多种经营方式并存的市场格局。这一时期，国家着力推进畜产品商品基地的建设与发展，建成了一批畜禽良种繁育、生产基地和畜禽养殖业产业化企业。

这一时期，畜禽养殖业的规模化发展刚刚起步，对饲料的需求量有所增加；此时的饲料加工业初显端倪，市场上对以粮食为主要加工原料的工业饲料的供给仍然较小。

（三）优化调整阶段（1997—2006年）

这一时期，从总量来看，中国畜产品市场基本实现供求平衡，结构性过剩、地区间不平衡以及食品质量安全等问题逐渐显现。中国政府于1999年出台了《关于加快畜牧业发展的意见》，中国畜禽养殖业从此逐渐由注重数量增长向更加关注产品质量的方向发展。这一时期的畜禽养殖业发展主要有两个特点。

一是畜禽养殖业生产结构得到优化，优势生产区域逐渐形成。这一时期畜禽养殖业的结构有了较大调整，猪肉在畜产品中的占比有所下降，家禽肉和牛羊肉的比重上涨，其他畜产品的产量出现快速增长。各类畜产品的优势产区逐渐形成，主要包括长江中下游地区、西南地区、黄淮海地区和东北地区。其中，长江中下游地区和黄淮海地区主要是家禽和生猪养殖；西南地区以牛、羊等反刍动物养殖为主；东北地区的主要养殖品种包括家禽、肉牛和奶牛。根据国家统计局产业数据统计，2006年，中国禽蛋主产区的禽蛋产量大约占到全国禽蛋总产量的83%，生猪主产区的猪肉产量约占全国猪肉总产量的77%，肉羊产业带的羊肉产量占全国羊肉总产量的82%左右，肉牛主产省牛肉产量占全国牛肉总产量的64%，可以看出，畜禽养殖业表现出明显的集约化趋势。

二是由注重畜产品数量增长转向更加关注产品质量。进入21世纪以来，农业部制定的畜禽养殖行业标准多达80余项，强化了对畜产品质量的监督管理。从2001年开始启动"无公害食品行动计划"，对畜禽养殖全过程的药物滥用、残留超标以及动物疫病等关乎产品质量的问题进行全面监控。1999—2006年，农业部共规划建设了33个部级畜牧业质检中心，各地方农业部门也加大了省、县级检测中心的建设。2006年，中国绿色畜禽产品的产量总计达到384万吨，大约是1996年的25倍。

这一时期，畜禽养殖业的规模化、集约化发展大大增加了市场上对于饲料产品的需求，加之饲料行业处于"卖方市场"环境下，生产利润丰厚，极大地刺激了社会资本大量涌入饲料行业，促进了饲料产量的快速增长。

（四）转型提升阶段（2007年至今）

国务院于2007年颁布《关于促进畜牧业持续健康发展的意见》，将"构建现代化畜牧业、促进畜牧业持续健康发展"作为畜禽养殖业发展的主要目标，畜禽养殖业从此进入转型提升的发展阶段，这一时期的畜禽养殖业发展主要有三个特点。

第一，传统畜牧业加速向现代畜牧业转变，散养户逐渐退出。一方面，畜禽养殖业的区域布局得到进一步优化，基本形成以东北地区和中部地区为主的肉牛产业带，以华北、东北及一线城市郊区为中心的奶业产业带，以内蒙古中东部地区、中部地区、西北放牧区和西南地区为主的肉羊产业带，以东北地区、中部地区和长江流域为中心的生猪产业带，以及以东部地区为主的禽肉产业带和以中原地区为主的禽蛋产业带。[①] 另一方面，畜牧业加速向规模化、产业化、集约化方向发展，各类畜产品养殖加工龙头企业不断涌现，产业化水平不断提高。近年来，环保监管力度的加大以及非洲猪瘟、禽流感等动物疫病的频发，使畜禽养殖的门槛不断提高，因资金不足无法达到环保标准、缺乏动物疫病防控技术和养殖管理能力的散养户以及小规模养殖场逐步退出市场。调研了解到，2016年和2017年，南方水网地区由于禁养和限养政策的实施，生猪养殖减少了近4000万头；2018年的非洲猪瘟使一些主产省的散户严重亏损，很多散养户因此退出市场。

第二，畜禽养殖业生产增速放缓，对农产品市场的影响日益凸显。2007年，为降低畜产品价格不断上涨对市场造成的巨大影响，国家出台了多项畜禽养殖业补贴政策和保险政策，以推进养殖业基础设施建设，加强动物防疫，促进行业的标准化、规模化、集约化发展，维持畜禽养殖业市场的稳定。2007年以来，畜禽养殖业生产的增长速度

---

① 李顺：《中国畜牧业发展历程分析及趋势预测》，《中国畜牧杂志》2010年第12期。

明显放缓,2007年,畜禽养殖业产值为1.61万亿元,占农业总产值的33.03%;到2018年,畜禽养殖业产值增长到28697.4亿元,占农业总产值的比重下降到25.27%。

第三,食品质量安全成为畜禽养殖业发展的重中之重。消费者对食品安全问题的重视程度逐渐提高,为保障国内食品质量安全,维护消费者权益,《中华人民共和国农产品质量安全法》《中华人民共和国食品安全法》分别于2006年和2009年颁布;2018年,中国政府对这两部法律做了进一步修订。网络、新闻媒体对食品质量安全知识的宣传有效提高了消费者食品质量安全意识,对于畜禽养殖企业的合法经营也起到了很好的促进和监督作用。饲料加工、畜禽养殖、屠宰加工等行业协会积极推进食品质量安全追溯体系建设,鼓励相关企业开展安全认证。

随着畜禽养殖业进入生产减速、结构优化、布局调整、质量升级、产业整合的新阶段,饲料需求进入低速增长时期,饲料加工业发展面临着市场空间拓展更难、质量安全要求更严、资源环境约束更紧等诸多挑战。[1]

第二节 饲料市场供给分析

一 饲料加工业发展的主要特征

饲料加工业的产业状况一方面直接决定着饲料产品的供给,另一方面也影响着对饲料原料的需求。本书通过文

---

[1] 农业部:《全国饲料工业"十三五"发展规划》,2016年。

献梳理和对饲料加工企业的访谈，归纳了中国饲料加工业的发展历程，旨在明确各发展阶段饲料产品的供给和饲料原料的需求特征，把握饲料进口的市场根源。

中国饲料加工业经历40多年的发展变迁，在生产规模、产品结构、加工工艺、标准化生产、产业定位等方面不断适应畜牧业发展需要和国际竞争趋势，使中国一跃成为世界第一大饲料生产国。总的来看，中国饲料工业发展可以分为三个阶段。

（一）饲料加工业起步阶段（20世纪70年代后期至80年代中期）

中国饲料加工业起步于计划经济向社会主义市场经济转轨过程中，为了满足快速增长的养殖业需求，政府开始引导发展饲料加工业。1974年，中国第一个饲料生产车间在上海市进出口公司土产分公司兴建江桥公社建立，生产"大象"牌配合饲料；1976年，第一家专门的饲料加工厂在北京成立，成为中国饲料加工业起步的标志，这一年，全国饲料总产量约为300万吨。这一阶段的饲料加工业具有以下特点：

第一，饲料品种单一，核心目标是提高产量。饲料产品以混合饲料为主，配合饲料占饲料总产量的10%左右。主要原因有两个：一是饲料加工企业实力弱小，创新研发能力不强；二是畜禽养殖业对饲料品种的要求不高，对数量有较大的需求。

第二，国有资本占比较大，生产规模较小，对大宗饲料原料的需求不高。原因是这一时期，粮食流通仍然受到政府管控，社会资本进入的机会仍然较少，此时的饲料加工企业以国有企业的下属单位为主，生产经营效率不高。

第三，饲料产品技术含量低，动物蛋白原料和饲料添加剂匮乏。这一阶段中国饲料产品的技术含量远远落后于国际市场同类产品，主要原因一方面是蛋白饲料原料尤其是动物蛋白原料缺乏，另一方面是缺乏外汇，依赖进口的饲料添加剂难以获取。

第四，产品的质量标准较低。这一时期尚未出台相关的行业质量标准，造成市场上的饲料产品质量参差不齐。

(二) 饲料加工业成长阶段 (20世纪80年代中期至20世纪末)

1984年发布的《1984—2000年全国饲料工业发展纲要(试行草案)》正式将饲料工业列入国民经济发展计划，饲料加工业进入快速发展阶段。中央及地方政府部门放开行业准入门槛，允许各类资本进入，以多种形式建设饲料加工厂。这一阶段饲料的市场需求旺盛，饲料加工业利润丰厚，社会资本大量涌入。这一时期，饲料加工业主要呈现以下特征：

第一，饲料产量平稳快速增长，产品结构不断得到完善（见图3-1）。一方面，生猪和家禽养殖的专业化、规模化、商品化发展带来市场需求的"井喷式"增长，大量社会资本进入饲料加工业，饲料产能迅速扩大。2000年中国饲料总产量达到7429.04万吨，是1990年的2.3倍。另一方面，饲料产品结构不断适应畜禽养殖业需求，逐步得到优化。饲料品种由起步阶段单一的混合饲料逐渐拓展到浓缩饲料、配合饲料、添加剂预混料等多个品种，其中，配合饲料在饲料中的占比快速上升，成为主要的饲料品种，混合饲料比重不断下降。猪禽饲料在配合饲料中的占比不断提高，其他特种饲料也开始生产；2000年猪禽饲料在配合饲料中占到87%。

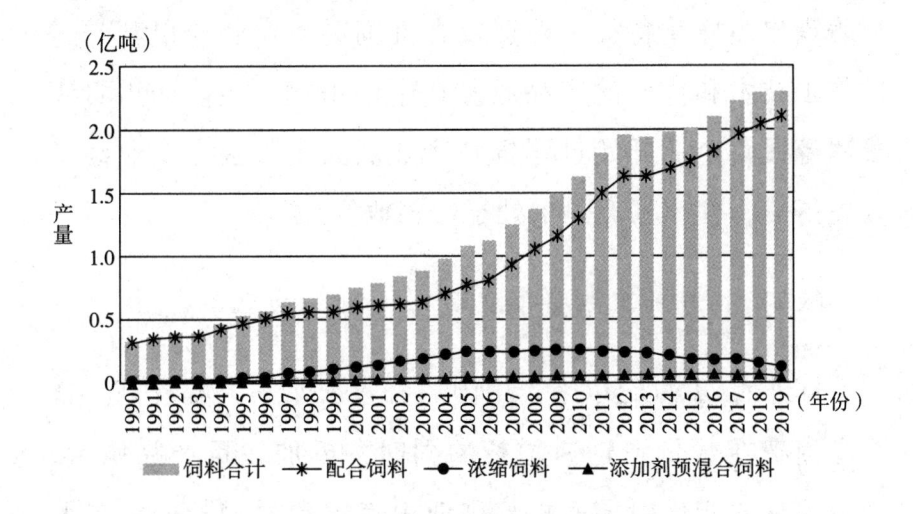

图3-1 1990—2019年中国饲料生产情况

资料来源：农业农村部。

第二，饲料原料供给充足，饲料加工的技术含量提高，饲料加工工艺得到改善。粮食作物、经济作物与饲料作物的三元种植结构逐渐在一些地区得到推广，增加了市场上的饲料粮供给，饲料粮占粮食总产量的比重从20%提高到30%左右。蛋白饲料原料的供给有所改善，一方面，油菜籽、棉籽等植物蛋白饲料的脱毒工艺得到改进，供给充足，能够满足国内生产需求；另一方面，一些过去依赖进口的饲料添加剂，如赖氨酸、谷氨酸等，开始在国内生产，逐渐打破了进口垄断的局面。

第三，行业质量标准建立并逐渐完善。到1997年，饲料加工方面的国家标准、地区标准及行业标准超过160项，部级及地方饲料质量监督检验中心累计建成281个。

第四，产业组织、经济性质呈现多元化。在政策引导下，外资和民营资本大量涌入饲料加工业，企业的资本性质表现出多样化特征。外资及合资饲料生产企业以其先进的加工技术和优质的产品质量在中国市场立足。四川希望集团等民营企业开始进军饲料产业。大多数国有企业经济效益落后，在市场竞争中处于劣势地位。

（三）饲料加工业整合阶段（21世纪初至今）

自进入21世纪以来，中国居民收入水平大幅提高，畜产品消费在数量上迅速增长的同时，更加注重产品质量，消费需求的变化引导畜禽养殖业由追求数量增长向注重调整结构和提高产品质量方向发展。由于畜产品供给开始出现结构性、区域性相对过剩问题，畜禽养殖业进入低速发展阶段，对饲料的需求也进入缓慢增长阶段。饲料加工业面临激烈的市场竞争，行业利润微薄，兼并重组和纵向一体化成为发展趋势，饲料加工企业转向内部化和代加工性质。这一阶段，饲料加工业发展呈现以下特点：

第一，饲料生产稳中有增，产品结构日趋完善。2019年中国饲料产品的产量为2.29亿吨，比2001年的7806.48万吨增长了2倍，年均增长率为6.45%。从产品结构来看，添加剂预混合饲料市场逐渐萎缩,配合饲料更加符合市场需要;2019年,配合饲料、浓缩饲料、添加剂预混合饲料的产量分别占到饲料生产总量的91.82%、5.43%和2.37%。猪禽饲仍然是主要的饲料品种,2019年肉禽饲料、猪饲料、蛋禽饲料产量分别占饲料总产量的36.99%、33.49%和13.62%;水产饲料和反刍饲料的产量和占比不断提升,2019年的产量占比分别为9.63%和4.85%。饲料产品结构的调整优化为畜禽养殖业的产业结构调整提供了物质保障。

第二,市场竞争激烈,饲料成为微利产品。饲料加工业出现产能过剩,饲料供给的产品结构性和地区性供给过剩问题逐渐凸显。在激烈的市场竞争环境下,饲料加工企业为抢占销售市场,纷纷采取赊销、低价销售等促销方式,使饲料加工业的利润不断缩水。

第三,饲料加工业整合发展成为趋势,行业集中度不断提升;饲料加工的市场角色转向代加工,中国饲料产业在国际市场上的竞争力不断提高。面对激烈的饲料市场竞争,一些大型饲料加工企业通过兼并重组、产业链纵向一体化等方式迅速发展壮大,典型企业包括温氏集团、新希望集团、正大集团、大北农集团等,这些企业具有较强的竞争力和较高的市场占有率,并在国际市场上崭露头角。到2019年,全国饲料加工企业中,年产量达到10万吨以上的生产厂有621家,他们的饲料产量合计占到全国饲料总产量的46.6%。全国有7家饲料生产厂年产量超过50万吨,单厂最大产量110.7万吨。年产百万吨以上规模饲料企业集团31家，在全国饲料总产量中的占比为50.5%，其中有3家企业集团年产量超过1000万吨。从2012年开始，中国超过美国成为全球饲料生产和消费第一大国。在这一时期，很多饲料加工企业发展成为畜牧企业集团产业链上的饲料代加工环节，大大降低了企业的畜牧饲养成本。

第四，饲料加工技术和产品质量不断提高，饲料配方在原料选择上的灵活性增强。2019年抽检各类饲料产品2805批次，总体合格率高达96.2%，其中配合饲料合格率为95.7%，浓缩饲料合格率为93.1%，添加剂预混合饲料合格率为99.0%，饲料添加剂合格率100%。在饲料原料的选择上，特别是能量饲料和植物蛋白原料方面，可替代玉米、豆粕的原料品种增加，进口高粱、大麦、DDGS等产品得到广泛应用。

二 国内饲料原料供给状况

这里重点对玉米、大麦、高粱的国内市场供给状况展开分析。

（一）玉米

玉米作为国家保障粮食安全的战略性农产品，其生产长期受到农业政策的扶持。2004年中国实施农业补贴政策以来，中国玉米种植面积和产量均实现大幅增长，特别是2008年开始实施玉米临时收储政策以来，由于玉米市场价格得到保障，玉米种植收益明显提升，东北地区大量种植大豆等作物的耕地逐渐转为种植玉米，到2015年，中国玉米种植面积达到 4496.8 万公顷,玉米总产量达到 2.65 亿吨(见图 3-2),玉米自给率达到了 98% 以上。

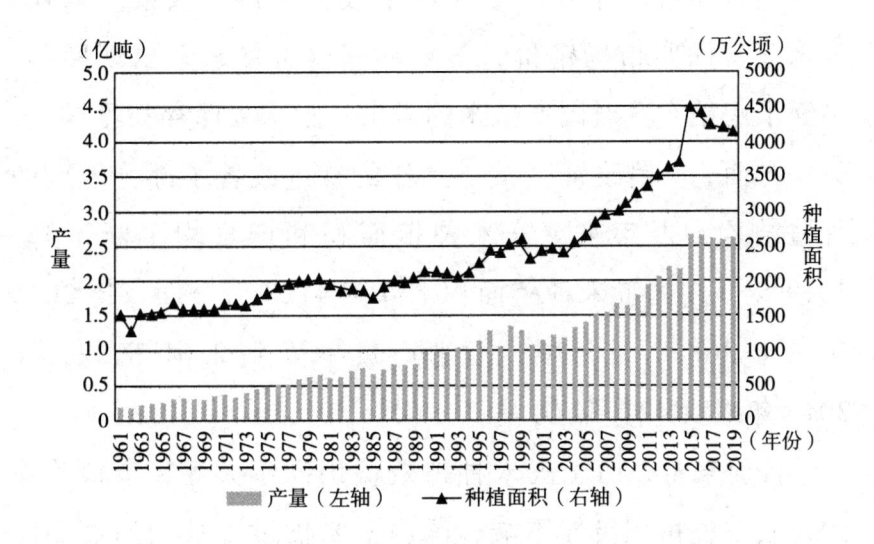

图 3-2 中国玉米生产情况(1961—2019 年)

资料来源:联合国粮农组织(FAO)。

玉米临时收储政策的实施在促进玉米生产、保障国内供给的同时,也带来了结构性供给过剩等问题。受国内玉米生产成本提高以及玉米临时收储政策托市作用等方面的影响,玉米的国内市场价格出现快速上涨。一方面,国际市场上玉米、大麦、高粱等农产品价格持续下跌,远远低于国内玉米市场价格,造成玉米及其替代品进口急速扩大;另一方面,由于国内玉米价格高企,用粮企业对国产玉米的消费需求低迷,使玉米库存量大幅增加。给政府财政、市场价格稳定和农民增收造成较大压力。[①]

[①] 朱治国:《对产区粮食购销企业库存居高不下的思考》,《管理世界》2002 年第 9 期。

2016年开始实施的农业供给侧结构性改革使结构性供给过剩问题得到有效缓解,并加快了玉米市场化发展进程。一方面,随着玉米临时收储政策被目标价格政策所取代,玉米逐步回归市场定价,玉米的国内价格水平出现回落,刺激了用粮企业对国产玉米的需求,玉米去库存初见成效;另一方面,"粮改饲"试点工作的推进改善了部分地区的种植结构,近年来,玉米种植面积和产量均不断下降。2019年,中国玉米种植面积下降到4128万公顷,比2015年减少368.8万公顷;玉米产量下降到2.61亿吨,比2015年减少421.31万吨。

目前来看,由于玉米种植效益仍高于大豆、杂粮等作物,农户种植积极性不减,国内玉米供过于求的局面短时间内难以扭转,玉米的市场化改革需要不断深化。

(二)大麦

中国大麦种植历史悠久,种植地域分布较广,产区覆盖东北、东南、中部、西北、西南所有地区。2000年以前,长江中下游地区和华北地区是两大大麦产区;2010年以来,内蒙古、甘肃、云南和新疆等省区的大麦产量比重逐渐上升,大麦产区逐渐由北方地区向西北和西南地区转移,长江中下游地区一直是中国最大的大麦产区。[①]

大麦种植面积和产量持续下降(见图3-3),单产逐渐提高。中国大麦种植面积和产量的历史最高峰出现在

[①] 杨东群、李先德:《中国大麦生产格局变化及其决定因素》,《中国农学通报》2013年第32期。

1962年，种植面积为519.1万公顷，产量为594万吨。此后，大麦种植面积呈持续下降趋势，到2019年，中国大麦种植面积仅为26.0万公顷，总产量为90.0万吨。大麦种植面积和产量下降的原因主要有3个：①中国养殖业长期以玉米为主要饲料，削减了大麦作为饲料原料的利用空间；②水稻、小麦和玉米作为主要粮食作物，在保障国家粮食安全方面具有重要的战略意义，长期以来受到政策倾斜，使大麦在农作物中的生产效益相对较低，农民的种植积极性不断下降；③中国加入WTO以后，大麦关税大幅度下降，同时由于国内劳动力成本和土地成本提高等原因，大麦生产成本提高，国产大麦与进口大麦相比逐渐丧失价格优势，国内加工企业依赖进口大麦的局面形成并不断加剧。大麦单产得益于良种的培育和推广，由1961年的1.05吨/公顷逐步提高到2019年的3.46吨/公顷。

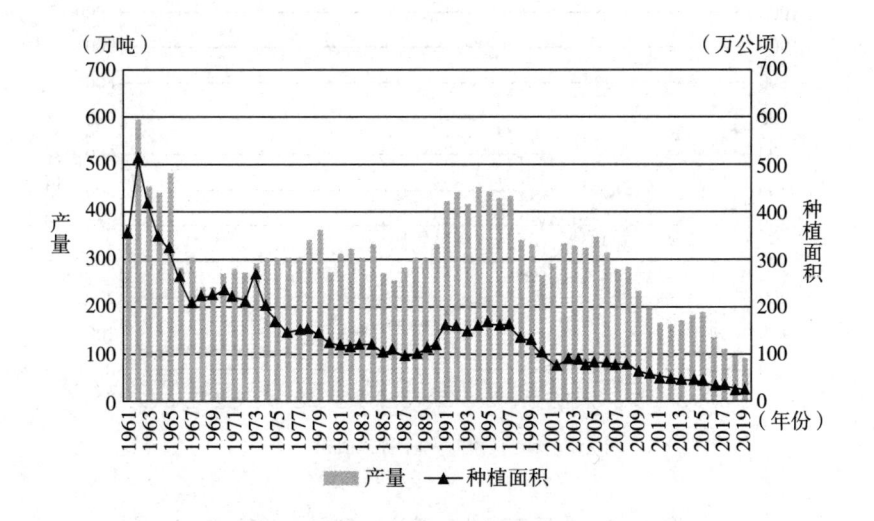

图3-3 中国大麦生产情况（1961—2019年）

资料来源：联合国粮农组织（FAO）。

可以看出，随着中国畜禽养殖业和啤酒行业的快速发展，国内大麦的产量无法满足市场上持续增长的大麦需求，在价格方面与进口大麦相比也不具备竞争优势，中国大麦长期依赖进口的局面难以改变。

（三）高粱

中国高粱生产主要分布在东北三省、内蒙古、四川和贵州；其国内市场供给状况与大麦市场类似，种植面积和产量整体呈现下降趋势（见图3-4）。2019年高粱种植面积下降到75万公顷，产量减少到360万吨。无论是在饲料用途上还是啤酒酿造用途上，国内高粱生产都难以满足日益增长的市场需求，需要依靠国际市场进口以弥补国内巨大的供需缺口。

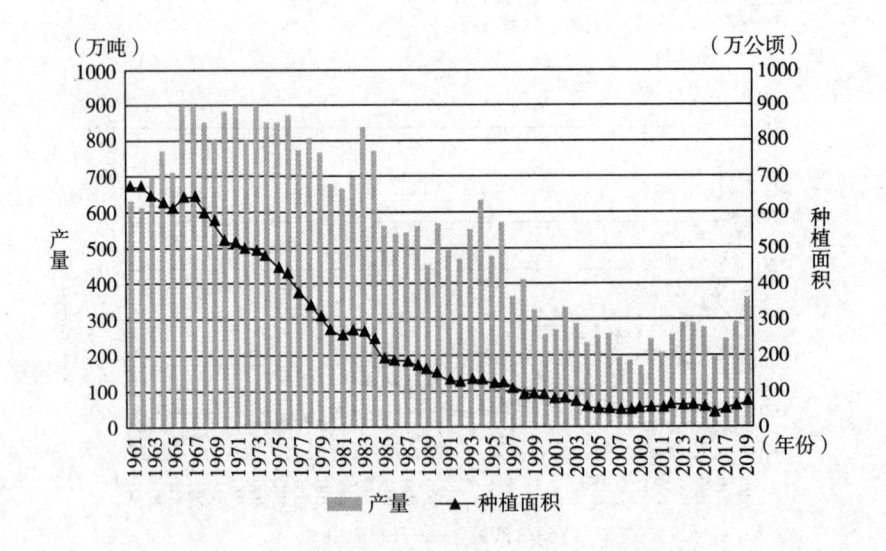

图3-4 中国高粱生产情况（1961—2019年）

资料来源：联合国粮农组织（FAO）。

三 饲料原料生产的比较优势及资源约束

中国粮食生产成本普遍呈现逐渐上涨趋势,种植收益下降。从玉米的生产成本构成(见表3-2)来看,人工成本、土地成本、机械作业费和肥料费占有较大比重;2013—2018年,机械作业费和燃料动力费的增长较为明显,人工成本有所下降,表明中国玉米生产机械化程度不断提高,这有助于未来降低中国玉米的生产成本;土地成本在总成本中的占比仅次于人工成本,并且近几年仍然呈现不断上涨趋势,成为导致中国玉米总成本上升的主要因素之一。

表3-2 中国玉米每亩产量及生产成本

项目	单位	2013年	2014年	2015年	2016年	2017年	2018年	2018年比2013年±%
产量	千克	488.01	499.79	488.81	480.29	501.53	487.02	-0.20
总成本	元	1012.04	1063.89	1083.72	1065.59	1026.48	1044.82	3.24
种子费	元	55.04	55.24	56.82	56.56	55.44	55.72	1.24
肥料费	元	154.57	141.70	142.38	138.52	142.98	150.59	-2.57
农药费	元	14.38	15.02	16.61	16.22	16.69	17.12	19.05
机械作业费	元	95.31	105.11	111.98	114.43	116.73	117.27	23.04
固定资产折旧	元	2.89	2.80	3.72	3.04	3.15	3.18	10.03
燃料动力费	元	0.38	0.64	0.38	0.46	0.49	0.56	47.37
修理维护费	元	1.07	1.12	1.22	0.99	1.02	1.08	0.93
人工成本	元	455.37	474.68	468.72	458.10	441.20	433.52	-4.80
土地成本	元	196.96	224.41	238.78	237.94	210.30	227.54	15.53
其他成本	元	36.07	43.17	43.11	39.33	38.48	38.24	6.02

资料来源:《全国农产品成本收益资料汇编(2019)》。

对比中美两国玉米产量和生产成本情况（见表3-3）可以看出，中国玉米生产已丧失比较优势。一方面，从单位面积产量来看，2013—2018年，中国玉米单产基本稳定在480—500千克/亩的水平，变化不大；美国玉米单产远高于中国的单产水平，并且整体呈现不断增长趋势，2018年玉米亩产量为769.95千克，比2013年增长了17.95%，比中国2018年玉米单产高出58.1%。另一方面，从生产成本及构成上来看，美国玉米生产成本远低于中国，2018年美国玉米每亩生产成本为740.93元，同年中国玉米每亩生产成本为1044.82元，比美国高出41.0%。

美国玉米生产成本低主要得益于较高的农业机械化水平。美国玉米生产成本构成与中国的主要差异在于，固定资产折旧费、燃料动力费与修理维护费在总成本中的占比较高，而人工成本占比非常少。中国农业生产的机械化水平不断上涨，但在取代人工、降低粮食生产成本方面的发展空间仍然很大。

表3-3　　　　美国玉米每亩产量及生产成本

项目	单位	2013年	2014年	2015年	2016年	2017年	2018年	2018年比2013年±%
产量	千克	652.78	711.37	698.81	786.69	795.06	769.95	17.95
总成本	元	689.82	696.84	694.43	757.04	761.93	740.93	7.41
种子费	元	99.52	102.21	104.30	109.5	109.94	104.88	5.39
肥料费	元	156.36	150.95	141.96	140.76	129.52	124.00	-20.70
农药费	元	29.13	29.54	28.60	39.56	39.63	37.67	29.32
机械作业费	元	18.12	18.45	19.51	26.08	25.75	24.51	35.26
固定资产折旧	元	98.77	100.39	105.70	130.03	135.12	132.59	34.24

续表

项目	单位	2013年	2014年	2015年	2016年	2017年	2018年	2018年比2013年±%
燃料动力费	元	32.91	33.18	21.91	26.01	31.27	31.98	-2.83
修理维护费	元	26.3	26.47	26.82	35.33	36.58	36.96	40.53
人工成本	元	28.06	28.24	29.70	28.05	29.23	35.97	28.19
土地成本	元	171.06	177.63	183.87	187.95	189.01	175.12	2.37
其他成本	元	29.59	29.78	32.06	33.77	35.88	37.25	25.89

资料来源：《全国农产品成本收益资料汇编（2019）》。

中国长期以来把水稻、玉米、小麦作为保障国家粮食安全的战略性产品，为促进国内生产给予了大量的政策倾斜。随着居民食品消费结构转型，中国饲料粮需求呈"刚性"增长态势。国内口粮消费趋于稳定，饲料用粮需求已成为粮食需求增长的主要动因。

伴随着饲料用粮的持续增长，中国粮食自给率将进一步下降，于晓华等研究发现以能量衡量的中国粮食自给率实际已经下降至70%[1]，这给中国农业生产力或农业生产性土地供给带来巨大压力[2]，但中国的农业生产却面临着耕地资源缩减、淡水资源匮乏以及生态环境恶化等刚性约束，粮食产量增长空间有限，将难以满足未来饲料用粮的需求。

四 饲料进口贸易特征分析

本书对中国饲料进出口总体状况及饲料进口的产品结构特征、市场结构特征进行分析。

---

[1] 于晓华等：《如何保障中国粮食安全》，《农业技术经济》2012年第2期。
[2] Li Jiang et al., "Urban Economic Development, Changes in Food Consumption Patterns and Land Requirements for Food Production in China", *China Agricultural Economic Review*, Vol. 7, No. 2, 2015, pp. 240-261.

（一）饲料进出口贸易规模及其变化

中国饲料贸易呈现逆差，出口增长缓慢，规模相对稳定；进口迅速增长，近年来有较大波动。从图 3-5 可以看出，2008 年以前的饲料进出口规模很小，增长非常缓慢；2008 年以来，进口规模迅速扩大。2015 年饲料进口总额达到有史以来的最高峰（139.88 亿美元），比 2008 年的 30.56 亿美元增长了 3.6 倍，年均增长 24.3%，逆差额达 113.15 亿美元；从 2016 年开始，饲料进口出现大幅下降，2019 年饲料进口达 80.22 亿美元，比 2015 年下降了 42.65%，主要受到粮食"去库存"调控以及玉米市场化改革的影响。饲料出口规模整体稳中有增，1996 年出口仅为 3.82 亿美元，2019 年增长到 28.33 亿美元，年均增长 9.10%。

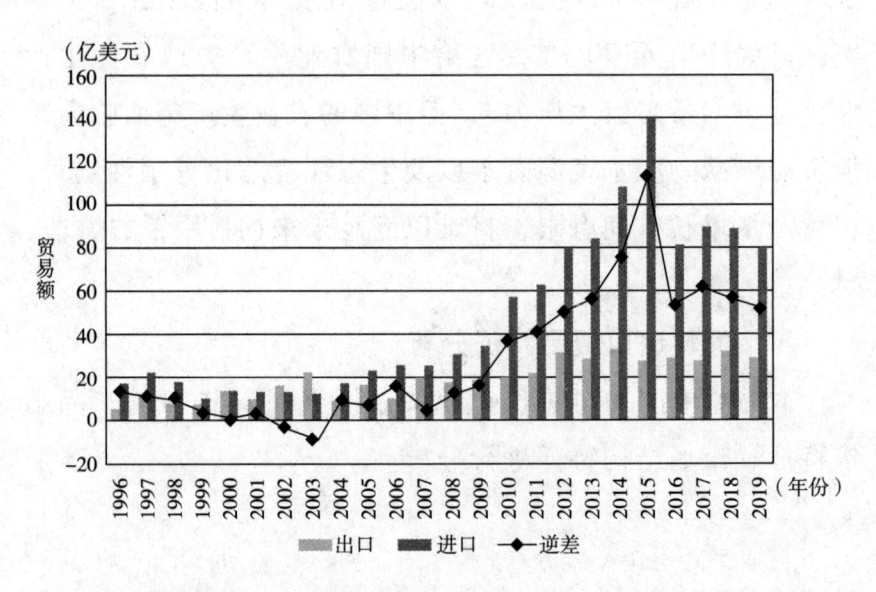

图 3-5 中国饲料进出口规模（1996—2019 年）

资料来源：中国海关贸易统计，由笔者整理。

从中国饲料进出口占全球饲料贸易比重（见图3-6）的变化情况可以判断，中国饲料进口需求增长明显快于全球饲料进口增长，出口增长速度与世界平均水平相当。出口占比在1996—2003年有较大幅度的提高，出口增长加快；近年来出口占比稳定在2.5%左右，意味着中国饲料出口增长与全球的饲料出口增长保持同步，这一增长是得益于全球性的需求扩大。饲料进口份额自2008年起逐渐增大，2015年扩大到11.83%，表明中国对进口饲料的需求出现高速增长；近年来，中国饲料进口有所减少，2019年中国饲料进口占全球饲料总进口量的比重下降到6.67%。

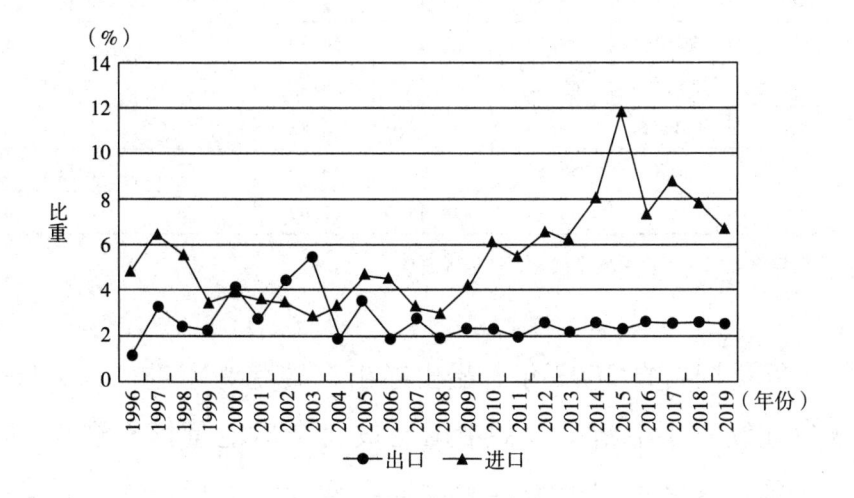

图3-6 中国饲料贸易占全球饲料贸易的比重（1996—2019年）

资料来源：UN Comtrade，由笔者整理。

能量饲料进口快速增长是贸易逆差增大的主要来源。表3-4是饲料进口的产品结构，可以看出，2007年以后能量饲料进口出现快速增长，占饲料总进口的比重不断提高，并超过了蛋白饲料的占比，成为进口量最大的一类产品。蛋白饲料的进口增长相对缓慢，占饲料总进口的比重逐年下降。饲料产品在进口中占的份额很小，对饲料进口增长的贡献不大。

表3-4　　　　　中国各类饲料的进口规模　　　　单位：亿美元，%

年份	能量饲料 进口额	能量饲料 占比	蛋白饲料 进口额	蛋白饲料 占比	饲料产品 进口额	饲料产品 占比
2001	5.42	42.84	6.17	48.81	1.06	8.35
2003	4.66	38.13	6.48	53.09	1.07	8.78
2005	8.62	37.26	13.31	57.51	1.21	5.23
2007	9.37	37.07	14.46	57.21	1.44	5.72
2009	14.95	43.21	17.70	51.15	1.95	5.65
2011	30.96	49.65	29.23	46.88	2.17	3.48
2013	53.73	63.85	28.16	33.47	2.25	2.68
2015	111.58	79.76	25.91	18.52	2.40	1.72
2017	50.85	56.87	35.04	39.19	3.53	3.95
2019	36.22	45.14	38.48	47.97	5.53	6.89

资料来源：中国海关贸易统计，由笔者整理。

能量饲料自2008年开始由净出口转变为净进口，进口规模连续7年不断扩大，中国已成为全球能量饲料进口第一大国。这是由多方面因素共同导致：一方面，中国畜禽养殖业发生深刻变革并快速发展，饲料加工业整合取得长足进步，对饲料原料的需求不断增长，从而为饲料原料大规模进口提供了市场基础；另一方面，中国从2008年开始出现国内粮食价格普遍高于国际粮食价格的情况，且价差逐年扩大，成为饲料加工企业大规模进口国际低价饲料粮的主要驱动力。到2015年，能量饲料进口量合计达到

4287.44万吨，比2008年增长了12.7倍。随着农业供给侧结构性改革的多举措推进，2016年国内玉米等粮食价格有所下降，国内饲料原料供应充足，进口随之减少，2016年能量饲料进口下降到26.05万吨，比2015年减少了39.25%，进口规模仍然是2008年的8.3倍；到2019年中国能量饲料进口量下降到15.09万吨。

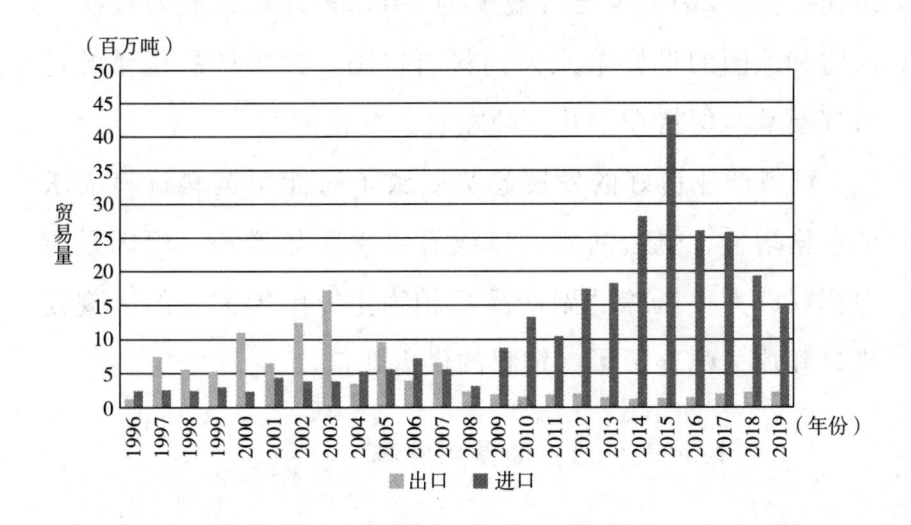

图3-7 中国能量饲料进出口规模（1996—2019年）

资料来源：中国海关贸易统计，由笔者整理。

蛋白饲料原料的供需缺口持续存在，饲料产品具有出口优势。中国蛋白饲料呈净进口态势，2010年以来随着饼粕出口的增长和进口的下降，蛋白饲料净进口规模有所减小，到2014年，中国蛋白饲料出口量增加到227.96万吨，进口量下降到250.4万吨，净进口规模缩减至22.44万吨。近年来，蛋白饲料进口持续增加，2019年进口量达到623.20万吨，出口量为111.71万吨，净进口规模达到

511.49万吨，主要原因有两点：一是由于油菜籽产量和压榨量下滑，国内菜籽粕价格上涨，菜籽粕进口量大幅增加，同时豆粕出口量减少；二是在环保政策影响下，大量鱼粉厂停产，国产鱼粉大幅减产，鱼粉进口接近历史最大规模。

中国饲料产品在国际市场上具有很强的竞争力，2006年以来，随着饲料产业的快速发展，饲料产品的出口规模迅速扩大，2019年出口规模为144.29万吨，成为仅次于欧盟和美国的世界第三大饲料出口国。饲料产品每年的进口规模基本保持在十几万吨左右，变化不大。

饲料产业良好的发展趋势引致了对能量饲料进口需求的急剧增长，蛋白饲料进口没有出现明显增长，原因是蛋白饲料以大豆压榨的副产品豆粕为主，中国大豆的大规模进口和加工弥补了蛋白饲料的供需缺口。

（二）饲料进口的产品结构特征

这里重点讨论能量饲料和蛋白饲料进口的产品结构。

长期以来，中国饲料加工都以玉米为主要的能量饲料原料。随着国内粮食价格上涨，中国玉米由出口优势产品转变为净进口产品，2012年玉米进口量达到520.64万吨的历史峰值。为稳定国内市场，保护玉米生产，中国从2013年开始加大对转基因玉米的进口限制，近年来玉米进口量大幅下降。

受到国内外粮食价差扩大和玉米进口限制的影响，高粱、大麦、DDGS等玉米替代品的进口出现显著增长，能量饲料进口向着产品多样化方向发展。表3-5是能量饲料进口的产品结构。中国高粱进口在 2010 年以前不成规模，以饲料用途进口始于 2012 年，2015 年高粱进口量增长到 1069.88 万吨的历史最高水平，占能量饲料进口总量的 25.3%，进口额为 29.71 亿美元。大麦进口在 2000—2013 年基本保持 200 万吨左右的规模；从 2014 年开始，用于饲料加工的大麦大量进口，2015 年进口增加至 1073.20 万吨，比 2013 年增长了 3.6 倍。DDGS 进口从 2009 年起逐渐形成规模，2015 年 DDGS 进口增长到 682.09 万吨，占能量饲料进口总量的 16.1%，进口额为 19.99 亿美元。

2016 年实行玉米市场化改革后，国内粮食价格有所下降，饲料粮进口缩减，到 2019 年，大麦、玉米、高粱、DDGS 的进口规模下降到 592.88 万吨、479.06 万吨、83.21 万吨和 14.06 万吨。

表 3-5　　　　　中国能量饲料进口的产品结构　　　　单位：万吨,%

产品	1996 年 进口量	比例	2000 年 进口量	比例	2005 年 进口量	比例	2010 年 进口量	比例	2015 年 进口量	比例	2019 年 进口量	比例
大麦	130.79	71.5	197.41	88.4	217.92	39.4	236.72	18.3	1073.20	25.3	592.88	39.3
玉米	44.11	24.1	0.03	0.0	0.39	0.1	157.21	12.1	472.83	11.2	479.06	31.7
木薯	8.02	4.4	25.66	11.5	333.54	60.3	576.27	44.5	937.64	22.1	283.76	18.8
高粱	0.01	0.0	0.03	0.0	0.90	0.2	8.33	0.6	1069.88	25.3	83.21	5.5
DDGS	0.03	0.0	0.14	0.1	0.06	0.0	316.42	24.4	682.09	16.1	14.06	0.9
其他	57.85	31.6	5.28	2.4	11.01	2.0	30.81	2.4	51.80	1.2	55.96	3.7

注：DDGS 的 HS 编码为 23033000；"其他"产品包括谷物的糠麸糟渣、制淀粉和制糖过程中的残渣、其他饲用废料。

中国对国际低价饲料原料需求的增长为原料出口国创

造了市场机会,为抢占中国饲料市场,有多个国家采取低价倾销或出口补贴等不正当竞争手段,对中国相关产业和市场造成了严重损害。中国于2016年1月12日起对原产于美国的DDGS进行反倾销反补贴立案调查,最终裁定显示,美国对中国出口的DDGS存在42.2%—53.7%的倾销幅度以及11.2%—12%的从价出口补贴。2018年2月4日,中国对原产于美国的进口高粱进行反补贴立案调查,初步获得的证据显示美国出口高粱接受了政府补贴。中国从2018年11月19日起对澳大利亚大麦进行反倾销立案调查,中国国际商会提供的证据表明,澳大利亚大麦进入中国市场的价格大幅下降,进口量大幅增长,对国内大麦价格造成削减和抑制。反倾销和反补贴立案及相关措施的实施对低价饲料原料进口起到阻碍作用,加之国内玉米价格下降,从2016年开始,大麦、高粱和DDGS的进口量出现锐减,2019年这三种饲料原料的进口量分别下降到592.88万吨、83.21万吨和14.06万吨。

中国蛋白饲料进口以鱼粉、菜籽粕和乳清粉为主(见表3-6),其中鱼粉和乳清粉的进口量居世界第一。中国渔业资源有限,国产鱼粉质量不高,饲料生产所需的鱼粉主要依赖进口,2000年以来鱼粉进口基本保持在100万吨以上;2019年鱼粉进口增长到142.40万吨,占蛋白饲料进口总量的22.9%,进口额19.75亿美元。乳清粉进口持续增长,2019年进口量增加至45.12万吨,占蛋白饲料进口总量的7.2%,进口额5.98亿美元。

表3-6　　　　　中国蛋白饲料进口的产品结构　　　单位：万吨,%

产品	1996年 进口量	比例	2000年 进口量	比例	2005年 进口量	比例	2010年 进口量	比例	2015年 进口量	比例	2019年 进口量	比例
菜籽粕	0.03	0.0	5.57	2.6	7.16	3.3	121.62	34.4	12.28	5.1	158.07	25.4
鱼粉	88.45	31.6	118.93	56.6	158.27	72.6	104.24	29.5	103.00	43.2	142.40	22.9
乳清粉	0.00	0.0	12.28	5.8	18.75	8.6	26.30	7.4	43.34	18.2	45.12	7.2
肉骨粉	3.18	1.1	21.72	10.3	4.86	2.2	13.27	3.8	19.29	8.1	33.93	5.4
花生粕	0.10	0.0	0.79	0.4	7.03	3.2	3.29	0.9	0.00	0.0	11.22	1.8
豆粕	187.65	67.0	50.53	24.0	20.26	9.3	18.77	5.3	5.97	2.5	0.95	0.2
其他杂粕	0.59	0.2	0.47	0.2	1.82	0.8	65.86	18.6	54.68	22.9	231.50	37.1

植物蛋白饲料原料在饲料加工中的使用越来越广泛，豆粕是饲料加工中添加量最大的蛋白饲料原料，国内豆粕需求量很大，但豆粕进口很少，原因在于中国大豆进口量和压榨量均居世界首位，国内企业生产的豆粕足以满足饲料加工需求，并具有一定的出口能力。近年来，中国对菜籽粕的进口需求快速增长，进口量从2000年的5.57万吨增长到2019年的158.07万吨，在蛋白饲料进口中的比重跃居第一。

（三）饲料进口的市场结构特征

中国饲料市场呈现出大量进口加工原料用以制成饲料产品，以满足国内市场需求，并有少量超额供给出口到其他国家的格局。本书重点对中国饲料原料进口的市场结构进行分析。

从能量饲料进口的市场结构（见表3-7）来看，市场多元化趋势明显，乌克兰、泰国、澳大利亚和加拿大是目前的主要进口来源。2019年中国从乌克兰进口502.19万吨，占33.3%，主要进口品是玉米和大麦；从泰国进口能量饲料 247.28 万吨，占 16.4%，绝大部分是木薯；从澳大利亚进口能量饲料共计 239.70 万吨，占能量饲料进口总量的 15.9%，进口产品主要是大麦和少量的高粱；从加拿大进口 146.06 万吨，占 9.7%，主要进口产品是大麦。

表 3-7　　　　中国饲料原料的进口来源　　　　单位：万吨，%

产品类别	2000 年			2010 年			2019 年		
	来源国	进口量	占比	来源国	进口量	占比	来源国	进口量	占比
能量饲料	澳大利亚	96.88	42.4	泰国	487.82	36.8	乌克兰	502.19	33.3
	法国	51.82	22.7	美国	466.60	35.2	泰国	247.28	16.4
	加拿大	38.52	16.9	澳大利亚	143.08	10.8	澳大利亚	239.70	15.9
	印度尼西亚	18.18	8.0	越南	103.64	7.8	加拿大	146.06	9.7
	丹麦	9.21	4.0	法国	50.23	3.8	法国	118.31	7.8
蛋白饲料	秘鲁	94.19	44.8	加拿大	74.98	21.2	乌克兰	145.02	23.3
	阿根廷	32.80	15.6	秘鲁	61.22	17.3	加拿大	142.93	22.9
	美国	23.98	11.4	印度	57.10	16.2	秘鲁	77.08	12.4
	印度	9.68	4.6	马来西亚	27.13	7.7	印度尼西亚	62.59	10.0
	俄罗斯	9.00	4.3	美国	21.74	6.2	美国	42.84	6.9

中国蛋白饲料进口主要来自乌克兰、加拿大和秘鲁，秘鲁在蛋白饲料进口市场上的份额不断下降。究其原因，一是进口来源更加分散，以鱼粉为例，1995 年进口鱼粉约 90% 来自秘鲁，随着贸易政策和贸易伙伴关系的发展，从美国和智利等地进口鱼粉的数量逐渐增加；二是进口蛋白饲料的产品结构发生变化，鱼粉曾是主要的蛋白饲料，多从秘鲁进口；由于资源属性较强且价格较高，鱼粉在饲料

中的应用受到一定的抑制，乳清粉、饼粕等产品越来越多地用作饲料蛋白源，进口市场随着产品结构的变化逐渐分散。2019年中国从乌克兰进口蛋白饲料共计145.02万吨，占蛋白饲料总进口量的23.3%，主要进口产品是饼粕；从加拿大进口142.93万吨，占22.9%，主要进口品是菜籽粕；从秘鲁进口77.08万吨，占12.4%，进口产品全部是鱼粉。

第三节 饲料进口增长路径研究

这一部分借鉴Hummels和Klenow的三元边际分析方法[1]对饲料进口的价值总量进行分解，从整体上、分时间段以及双边贸易层面分别剖析产品种类、数量、价格变化对进口增长的贡献，探明饲料进口迅速增长的路径，以期对中国饲料进口市场状态形成更加清晰的认识。针对研究结果的稳健性，本书最后利用核密度估计方法在双边贸易层面做进一步验证。

一 饲料进口增长路径的理论含义

饲料进口增长沿着产品种类增加、进口数量增长抑或是进口价格变化实现，三条路径具有不同的经济学含义。进口产品种类增加能够增强进口产品的可替代性，降低国内市场对单一进口品的依赖。长期以来，中国主要的饲料

---

[1] David Hummels and Peter J. Klenow, "The variety and quality of a nation's exports", *The American Economic Review*, Vol. 95, No. 3, 2005, pp. 704–723.

生产原料是玉米、鱼粉和豆粕,随着饲料加工工艺的发展,可用于饲料加工的原料品种增多,进口的饲料种类也逐渐增加。中国自2008年开始进口DDGS,2012年开始进口饲用高粱,2013年开始大量进口高粱和大麦用于饲料加工。进口饲料的多元化使国内畜牧生产企业和饲料加工企业在面临某一产品暂时性紧缺或价格大幅上涨的情况时,能够有更多的产品选择,这在一定程度上稳定了饲料进口,保障了国内生产的需要,提高了生产者的福利水平。

进口数量增长一方面是国内饲料刚性需求扩大的客观反映,主要原因在于国内饲料供给能力有限;另一方面在于国内外价差,这意味着国内外市场的分离。进口国际市场上的低价饲料原料大大降低了国内饲料生产企业和畜牧生产企业的成本,能够促进企业生产发展;通过饲料进口替代国内饲料作物种植面积的扩大,能够节约土地等资源,保障口粮的供给;同时,进口产品的增加密切了国内饲料市场与国际市场的联系,国内外产品良性竞争关系的形成将对中国农产品的市场化发展起到促进作用。

进口价格变化是国际市场上饲料供求状态的客观反映。如果进口价格上涨,可能是由于中国大量进口饲料拉高了国际市场上的饲料需求,此时继续扩大进口将导致贸易条件不断恶化,应该在考虑国内饲料需求的同时,适当平衡不同饲料的进口规模及进口来源的分布。进口价格下降则意味着国际市场上饲料供给充裕,说明随着多双边贸易伙伴关系的推进和发展,中国进口饲料面临更多的市场选择,能够从国际市场上购买到更低价的饲料,市场结构逐步得到优化。

二 研究方法与数据来源

(一) 进口增长的三元边际分解方法

首先将中国从某一市场进口饲料占中国总进口的份额（S）分解为广度（EM）和深度（IM）的乘积。式（3.1）中，j、k 分别代表中国和进口来源国，i 代表进口的产品种类；p_{jki} 和 q_{jki} 分别表示中国从 k 国进口第 i 种产品的价格和数量，p_{ki} 和 q_{ki} 分别表示 k 国出口第 i 种产品的平均价格和总数量，I_{jk} 和 I_k 分别表示中国从 k 国进口饲料的集合和 k 国出口饲料的全集，即 $I_{jk} \subseteq I_k$。

$$EM_{jk} = \frac{\sum_{i \in I_{jk}} p_{ki} q_{ki}}{\sum_{i \in I_k} p_{ki} q_{ki}}, IM_{jk} = \frac{\sum_{i \in I_{jk}} p_{jki} q_{jki}}{\sum_{i \in I_{jk}} p_{ki} q_{ki}} \quad (3.1)$$

广度表示中国进口的产品种类占全世界进口种类的比重，该指标越大，说明进口的种类越多。深度表示中国进口的价值量占既定产品范围内世界进口总额的比重，该指标越大，说明中国进口既定产品的价值量越大。将深度指标进一步分解为数量指数（Q）和价格指数（P）的乘积。

$$IM_{jk} = P_{jk} \times Q_{jk} \quad (3.2)$$

其中，

$$P_{jk} = \prod_{i \in I_{jk}} \left(\frac{p_{jki}}{p_{ki}}\right)^{w_{jki}}, Q_{jk} = \prod_{i \in I_{jk}} \left(\frac{q_{jki}}{q_{ki}}\right)^{w_{jki}} \quad (3.3)$$

$$w_{jki} = \frac{\dfrac{S_{jki} - S_{ki}}{\ln S_{jki} - \ln S_{ki}}}{\sum_{i \in I_{jk}} \dfrac{S_{jki} - S_{ki}}{\ln S_{jki} - \ln S_{ki}}} \quad (3.4)$$

式（3.4）是用s_{jki}和s_{ki}的对数平均值计算的权重，s_{jki}表示中国第i种产品进口额占进口总额的比重，s_{ki}表示k国第i种产品出口额占其出口总额的比重。

$$s_{jki} = \frac{p_{jki}\, q_{jki}}{\sum_{i \in I_{jk}} p_{jki}\, q_{jki}},\ s_{ki} = \frac{p_{ki}\, q_{ki}}{\sum_{i \in I_{jk}} p_{ki}\, q_{ki}} \tag{3.5}$$

价格指数表示中国的进口价格与国际市场平均进口价格之比，该值大于1意味着中国进口价格高于世界平均进口价格。数量指数代表中国进口数量占世界进口总量的比重。

将所有进口来源市场的分解结果加总，即得到中国饲料总进口的分解结果。

$$EM_j = \prod_{k \in K} EM_{jk}^{\alpha_{jk}},\ IM_j = \prod_{k \in K} IM_{jk}^{\alpha_{jk}},$$
$$P_j = \prod_{k \in K} P_{jk}^{\alpha_{jk}},\ Q_j = \prod_{k \in K} Q_{jk}^{\alpha_{jk}} \tag{3.6}$$

其中，权重α_{jk}为中国从k市场进口饲料的贸易额占饲料进口总额的比重；K表示所有进口来源国的集合，本书中$|K| = 97$。

为考量各因素对饲料进口增长的作用强度，本书计算了广度、价格指数和数量指数变动的贡献率。

（二）进口规模及结构要素的核密度估计方法

本书选用二次核函数对中国从全部伙伴国进口饲料的份额及其三元编辑的指标分布进行核密度估计。核密度估计量为：

$$\hat{f}(x_0) = \frac{1}{nh} \sum_{i=1}^{n} \frac{3}{4} \left[1 - \left(\frac{x_i - x_0}{h}\right)^2\right] \cdot \mathbf{1}\left(\left|\frac{x_i - x_0}{h}\right| < 1\right)$$
$$\tag{3.7}$$

其中，n 为样本容量；h 为带宽，本书中 h 选择最优带宽进行估计；1（·）为示性函数，当括号中表达式为真时取值为1，反之则取值为0。

（三）数据来源

本书使用的饲料贸易数据来源于 UN Comtrade 数据库，包括2000—2018年中国进口的全部 HS 六位饲料总量数据、每种产品分国别的进口数据以及所有进口来源国的饲料出口数据，进口价格统一采用到岸价。其中，个别饲料品种除饲用以外还有其他用途，比如大麦、高粱、木薯等，在贸易数据中无法按用途进行分离，考虑到饲用需求是这些产品进口增长的主要原因，本书将其整体纳入研究中。对2000—2018年中国饲料的进口来源进行整理得出，中国共从97个国家（地区）进口了饲料，本书将以全部进口来源为对象开展研究。

三 研究结果及分析

本书基于2000—2018年的 HS 六位贸易数据，对中国饲料进口进行三元边际分解，从三个方面对饲料进口增长的路径进行研究：一是在时间维度上分三个阶段具体考察饲料进口增长路径的时变特征；二是选取代表性市场，在双边贸易层面探究饲料进口增长的路径表现；三是进一步考虑了双边贸易层面所有市场进口三元边际的核密度分布及动态变化，对研究结果的稳健性进行验证。

(一) 饲料进口增长的三元边际分解结果

中国饲料进口的三元边际分解结果见表3-8。可以看出，中国饲料进口增长具有以下三个特征：

表3-8　饲料进口的三元边际分解结果（2000—2018年）

年份	进口份额	广度	深度价格指数	深度数量指数
2000	0.1065	0.8253	1.4146	0.0912
2001	0.1184	0.8364	1.7689	0.0800
2002	0.1436	0.7917	1.2988	0.1396
2003	0.1102	0.7232	1.1975	0.1272
2004	0.1430	0.8024	1.1128	0.1601
2005	0.1927	0.8386	1.1198	0.2052
2006	0.1700	0.8386	1.1055	0.1833
2007	0.1388	0.7490	1.1139	0.1663
2008	0.1284	0.7631	1.1320	0.1487
2009	0.1619	0.7597	1.0879	0.1959
2010	0.1808	0.8036	1.0946	0.2055
2011	0.1556	0.7863	1.0802	0.1831
2012	0.1905	0.8470	1.0457	0.2151
2013	0.1956	0.7737	1.0742	0.2354
2014	0.2161	0.8825	1.0602	0.2309
2015	0.2931	0.8020	1.2301	0.2971
2016	0.1949	0.7995	1.1237	0.2169
2017	0.2356	0.8523	1.0995	0.2514
2018	0.2249	0.8469	1.1365	0.2337
年均增长率（%）	4.24	0.14	-1.21	5.37
进口增长贡献率（%）	100.00	1.88	-14.12	112.24

1. 进口数量增长是中国饲料进口增长的主要原因，对进口增长的贡献率高达112.24%。2000—2018年，中国饲

料进口的数量指数从 0.0912 增至 0.2337，年均增长率为 5.37%，呈现平稳、快速增长的趋势。

2. 饲料进口的广度水平较高，变化相对稳定，对进口增长的贡献较小。2000—2018 年的广度水平在 0.7232—0.8825 范围波动，表明中国进口的饲料种类已经非常丰富，中国市场在饲料进口的广度层面是完全放开的。

3. 中国饲料的进口价格历史上长期高于国际市场平均价格水平，呈逐渐下降趋势，近年的进口价格已逐渐趋近于国际市场平均水平。随着饲料贸易规模的迅速扩大，进口价格下降，贸易条件逐步得到改善，主要原因在于中国饲料进口的产品种类多样化以及进口市场的选择增多，带来了进口市场结构的不断优化。进口价格下降的另一可能原因在于，大豆的大量进口使国内豆粕供给充裕，蛋白饲料进口减少，加之玉米、大麦、高粱、DDGS 等大宗能量饲料进口迅速增长，进口饲料以国际市场交易的大宗产品为主，进口价格趋近于由国际市场供求决定的价格水平。

（二）分阶段的进口增长路径分析

从饲料进口份额的变化情况来看，中国饲料进口呈现波动上涨的阶段性特征，本书依据饲料进口份额涨跌情况，将 2000—2018 年时期的饲料进口划分为 2000—2005 年、2005—2008 年、2008—2015 年以及 2015—2018 年四个阶段，考察在不同时段内进口广度、进口数量、进口价格对饲料进口增长的贡献，结果见表 3-9。

表 3-9　　　　　　　　分阶段的三元边际及其贡献

时期	指标	增长率（%）	贡献率（%）
2000—2005 年	S	80.94	100.00
	EM	1.61	1.52
	P	-20.84	-19.70
	Q	125.00	118.18
2005—2008 年	S	-33.37	100.00
	EM	-9.00	25.40
	P	1.09	-3.07
	Q	-27.53	77.68
2008—2015 年	S	128.27	100.00
	EM	5.10	4.49
	P	8.67	7.63
	Q	99.80	87.88
2015—2018 年	S	-23.27	100.00
	EM	5.60	-23.98
	P	-7.61	32.59
	Q	-21.34	91.39

2000—2005 年，中国饲料进口份额增长了 80.94%，进口价格出现较大幅度的下降；进口数量增长对饲料进口增长起到决定性作用，贡献率达到 118.18%。这一时期主要受到履行 WTO 关税减让承诺的影响，中国于 2005 年结束之前完成了包括饲料在内的大部分产品的关税减让承诺，导致这一时期的饲料进口价格下降明显；进口价格的下降同时引起国际市场的饲料大量进入国内市场，饲料进口数量大幅上涨。

2005—2008 年，饲料进口份额呈下降趋势，进口数量的变化仍然是主要原因，贡献率为 77.68%。广度水平的下降对进口份额减小也起到较大的作用，贡献率为

25.40%，可能的原因是进口的广度对贸易环境变化较敏感。金融危机导致贸易环境恶化，国内市场对进口饲料的需求受到了全面影响，进口数量以及进口产品种类、市场来源等方面均出现明显减少。

2008—2015年，饲料进口恢复快速增长，进口价格在这一时期也有所上涨，但并未影响到进口数量规模的扩大。该结果凸显了中国对进口饲料的需求刚性特征，由于国内对饲料的需求不断扩大，这一时期国内玉米等饲料原料价格的不断上涨导致对低价进口原料的需求呈刚性增长。

2015年以来，国内实行的农业供给侧结构性改革和市场化改革初见成效，国内玉米市场价格出现回落，对进口替代品的需求大幅减少，饲料进口份额出现大幅下降，主要沿着数量减少路径实现。进口数量下降对进口缩减的贡献率高达91.39%；进口广度继续扩大，同时进口价格持续下降，意味着中国饲料进口向市场多元化的方向持续推进。

（三）双边贸易层面的进口增长路径分析

本书选取2018年中国饲料进口的前6位来源国家，分析同主要伙伴国饲料贸易中各因素的特征表现。2018年从6个主要市场进口的饲料占中国饲料进口总额的77%。表3-10是主要市场上饲料进口增长因素的测算结果。

在各主要市场上，数量增长都是饲料进口增长的主要原因。2000—2018年，中国从秘鲁、澳大利亚、泰国市场进口饲料的广度基本维持在0.91以上，变化不大，进口数

表 3 - 10　　双边贸易增长的三元边际分解结果

进口来源国	2000 年 EM	P	Q	2010 年 EM	P	Q	2018 年 EM	P	Q
美国	0.9742	2.0211	0.0074	0.7876	1.0904	0.0761	0.9935	1.0117	0.6385
秘鲁	0.9796	0.9727	0.3921	0.9894	1.0439	0.4437	0.9797	1.0005	0.9787
澳大利亚	0.9897	1.0232	0.2087	0.9701	0.9951	0.2730	0.9948	1.0051	0.9375
泰国	0.9773	1.2379	0.0141	0.9889	1.0220	0.4848	0.9998	1.0212	0.8714
加拿大	0.6094	12.2111	0.0101	0.7663	1.3191	0.1639	0.9750	1.0233	0.8720
乌克兰	NA	NA	NA	0.0059	1.0739	0.2031	0.9928	1.0085	0.8349

注：NA 表示未进口饲料。

量则成倍增加。从美国进口的广度水平在个别年份出现偶然性大幅下降，数量增长对进口增长起到了决定性作用。

产品种类在加拿大和乌克兰市场上的增长幅度较大，对饲料进口增长发挥了较大作用。中国 2004 年开始从乌克兰进口饲料，在目前的市场发展阶段，广度增长对进口增长的贡献比数量增长更加突出。加拿大和乌克兰是中国饲料进口的新兴来源市场，在广度和深度层面仍然具有较大的贸易发展空间。

从各市场进口饲料的价格边际呈下降趋势，到 2018 年基本都已下降至国际市场平均价格水平。

（四）基于核密度估计的三元边际分布特征

中国从 97 个伙伴国进口饲料的份额与三元边际的核密度分布及其变化过程见图 3 - 8。图 3 - 8（a）显示，中国饲料在各市场的进口份额都有增加，饲料的进口来源逐渐增多。具体表现为分布曲线峰值密度下降，右尾变厚，进口份额为 0 的密度逐渐减小。

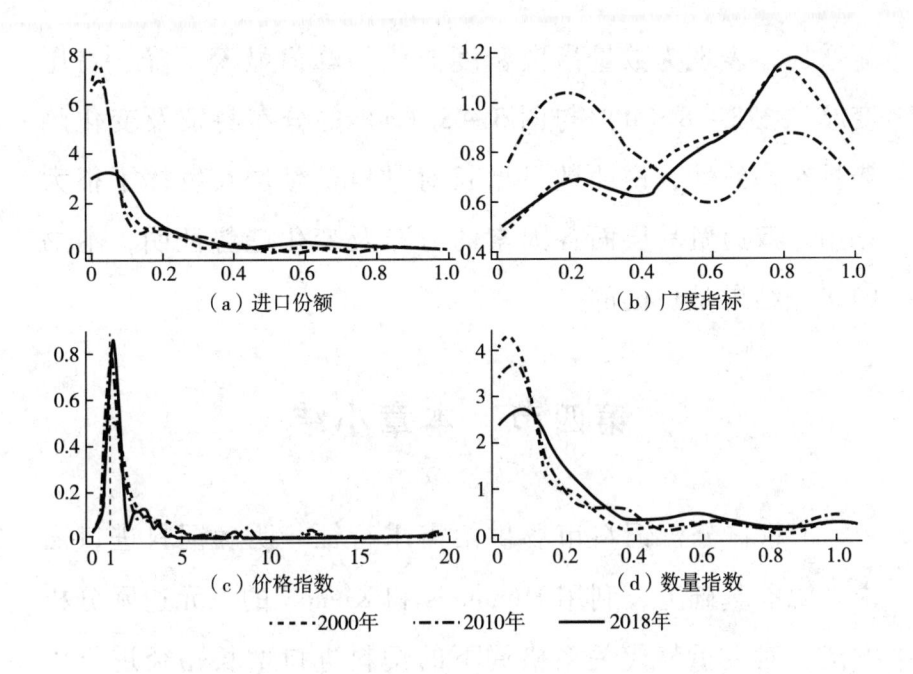

第三章 饲料市场供需及进口增长路径研究 ◀ 105

图 3-8 饲料进口份额及三元边际的分布

图 3-8 (b) 是双边贸易的广度分布及变化过程，在大部分市场上，中国进口饲料的种类都有所增加，表现为峰值 0.8 的左侧密度减小，右尾变厚；2010 年，进口种类普遍出现大幅减少，分布曲线的峰值由 0.8 减至 0.2，主要受到 2008 年开始的国际粮食危机的影响；在很多市场上中国进口的产品种类仍然较少，饲料贸易的发展空间较大，图中表现为广度值 0—0.6 范围的密度较大。

图 3-8 (c) 进口价格具有明显的下降趋势，在多数市场上的进口价格已逐渐趋近于国际市场平均水平。图中表现为峰值趋近于 1 且峰值密度明显增大，右尾收窄，整体分布向 1 附近聚拢。

图 3-8 (d) 表明，中国从各市场进口饲料的数量明

显增加，表现为数量指数密度曲线的峰值显著下降，右尾变厚；图3-8（d）与图3-8（a）的分布特征及变化趋势具有一致性，说明数量增长对进口份额增长发挥了很大作用。双边贸易层面各因素的分布及变化趋势证明，本书的研究结果是稳健的。

第四节 本章小结

本章在分析饲料市场供给需求特征、明确饲料进口需求来源的基础上，利用Hummels和Klenow的三元边际分析方法，对多重替代关系格局下的饲料进口增长路径进行了整体、多视角的研究，主要结论如下。

（1）饲料市场需求产生于国民经济发展和生活水平提高带来的畜产品消费需求增长；畜禽养殖业的不同发展阶段对饲料产品具有不同的需求，随着畜禽养殖业向着规范化、规模化、集约化方向发展，对饲料原料和饲料产品的需求与传统养殖方式相比成倍增加。当前阶段，随着畜禽养殖业进入生产减速、结构优化、布局调整、质量升级、产业整合的新时期，饲料需求呈现低速增长，饲料加工业发展面临着市场空间拓展更难、质量安全要求更严、资源环境约束更紧等诸多挑战。

（2）从饲料原料供给来看，中国玉米市场仍然呈现供过于求的局面；而大麦和高粱等玉米替代品的国内生产规模非常小，且生产成本高，国内生产远不能满足市场需求。该结果意味着，同类饲料原料相互之间的生产发展不协调，国内市场不能满足饲料加工企业对饲料原料的多样化需求，企业在选择玉米替代品方面需要更多地依赖国际市场。中国玉米等饲料粮的生产成本不断上涨，种植收益下降，与美国等饲料粮主产国相比，中国饲料粮生产已失去比较优势；在保障口粮绝对安全与饲料粮安全方面，中国正面临着土地、水等资源的约束。

（3）进入21世纪以来，中国饲料进口增长主要沿着数量增长的路径实现，这种增长模式是由中国对饲料快速增长的刚性需求决定的。居民生活水平提高带来畜产品消费需求的不断增加，由于消费结构变化是难以逆转的，对饲料的需求在短期内仍将保持快速上涨态势，进口持续增长将成为未来饲料贸易的常态。

（4）中国饲料进口市场结构不断优化使饲料进口价格呈现下降趋势；饲料贸易规模迅速扩大的同时，贸易条件逐步得到改善。双边自由贸易区的发展及多双边贸易伙伴关系的推进增加了中国进出口贸易的市场选择，通过各类饲料进口市场结构的不断优化，中国进口饲料的价格逐渐降低。

（5）饲料进口种类的变化在一些特定时期以及部分新兴市场上对进口增长的贡献较大，产品的多元化在多个进口市场仍具有较大的发展潜力。目前，中国进口饲料的种类在总体上已经达到较高水平，从加拿大、乌克兰等部分市场上进口饲料的种类仍然较少，通过发展进口来源国市场上具有贸易潜力的饲料，可以促进中国饲料进口市场多元化，降低对单个市场的依赖性。

第四章 饲料进口增长的动因分析

从饲料进口贸易特征来看，进口增长在玉米、高粱、大麦等能量饲料上的表现尤其突出，对国内农业生产和饲料加工业发展都产生了深刻的影响，饲料进口增长原因问题由此引发学术界的广泛探讨。从现有文献来看，主流的观点可以分为两类：一是从进口问题的根源出发，将进口增长归因于国内供给无法满足快速增长的饲料需求；二是围绕国内外价差的产生，认为粮食生产成本提高、市场保护政策是引起国际市场低价能量饲料进口的主要原因。已有研究在价差驱动型进口还是需求拉动型进口这一问题上仍存有较大争议，没能形成具有一致性的判断。回答这一问题的关键是识别饲料贸易流量变化的决定因素。为此，本章将关注点聚焦于进口增长较为突出的能量饲料，尝试构建实证模型对中国饲料进口增长的主导因素进行识别。

对于多产品进口增长问题，本书首先利用三元边际方法将能量饲料进口总量分解为扩展边际、数量边际和价格边际；其次在引力模型框架下构建能量饲料进口总量及其三元边际的影响因素模型,将进口价格因素和影响国内需求的因素纳入同一框架进行研究,从而识别出各因素对能量饲料进口增长的影响程度和作用路径,判明进口增长的主导原因。由于分解得到的三元边际在供求结构下可能存在相互影响,本书尝试建立三元边际影响因素的联立方程模型展开研究,一方面能够有针对性地解决本书提出的问题;另一方面旨在弥补现有文献中采用单方程模型研究三元边际影响因素存在的不足,丰富相关研究思路和方法。

第一节 饲料进口增长的理论基础

对饲料进口增长原因的探讨需要在市场供求框架下展开。饲料进口来源于国内供给和国内需求之间存在缺口。饲料需求是由畜产品消费间接引致的,影响饲料需求的因素主要是居民收入水平、人口规模和食品消费结构等,程国强等、Zhou 等、韩昕儒等分别对中国饲料需求进行分析得出了一致性判断,即人口增长和城镇化快速发展引起了中国饲料需求的快速增长[1][2][3]。饲料国内供给的增长空间有限,主要受制于有限的土地资源以及国家保证口粮和食用油稳定供给等战略调控[4];国家"粮改饲"种植结构调

---

[1] 程国强等:《中国饲料粮供给与需求的估计》,《农业经济问题》1997 年第 5 期。
[2] Zhangyue Zhou et al., "Supply and Demand Estimates for Feed Grains in China", Agricultural Economics, Vol. 39, No. 1, 2008, pp. 111 – 122.
[3] 韩昕儒等:《中国目前饲料粮需求量究竟有多少》,《农业技术经济》2014 年第 8 期。
[4] 陈恭军:《中国饲料粮供需变化对未来粮食自给的影响》,《中国畜牧杂志》2012 年第 4 期。

整也将造成玉米总产量出现明显下降，农业部市场预警专家委员会预测，2016—2020年中国玉米种植面积年均减幅达1.8%，总产量年均减少1.1%。[1] 因此，未来单纯依靠国内生产将无法满足快速增长的饲料消费需求，进口玉米、DDGS、高粱等能量饲料就成为弥补国内供给不足的主要途径。[2]

价格是影响供给和需求的内生因素，饲料进口属于国际市场对国内市场的补充性供给，当国内市场价格高出国际市场价格一定程度时，即产生价差驱动型的进口。国内外价差形成于两个方面。一是多因素引起的国际粮价下跌，包括国际粮食供应充足、主要粮食出口国生产成本低廉、人民币升值以及国际能源价格暴跌导致货运价格下跌等。[3] 二是国内粮食价格持续攀升，可归结于3个主要原因：①国内生产成本上涨，反映出中国粮食生产逐渐失去比较优势；②政府托市收购价格不断上涨，进一步托高了国内市场价格，形成了严重的价格扭曲[4]；③国内粮食价格上涨的预期对于粮价上涨起到助推作用，这种期望在所有市场参与主体中是自下而上普遍存在的。[5] 农业是中国开放程度较高的部门，关税在国内外价差不断扩大的过程中并没有

---

[1] 农业部市场预警专家委员会：《中国农业展望报告（2016—2025）》，中国农业科学技术出版社2016年版。
[2] 杨艳涛、秦富：《"十三五"时期我国饲料粮供需与进口再平衡调控政策选择》，《经济纵横》2017年第2期。
[3] 翁鸣：《中国粮食市场挤压效应的成因分析》，《中国农村经济》2015年第11期。
[4] 胡冰川：《中国农产品市场分析与政策评价》，《中国农村经济》2015年第4期。
[5] 谭砚文等：《中国粮食市场调控政策的实施绩效与评价》，《农业经济问题》2014年第5期。

起到门槛限制作用①，尽管玉米配额外关税高达65%，但大麦、高粱和DDGS的关税分别为3%、2%和5%，当国内外价差扩大到一定程度时，关税保护政策就无法阻挡国外产品的进入。

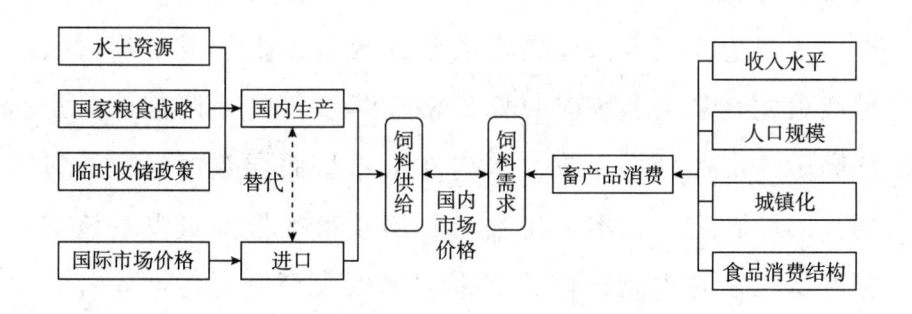

图4-1　饲料进口增长的主要影响因素

第二节　进口模型构建及样本选择

一　进口总量及三元边际的影响因素模型

本书以引力模型为基础对中国饲料进口总量及其三元边际的影响因素进行研究，从而判明饲料进口增长的主导因素以及各因素影响进口总量的路径。三元边际框架下的进口规模以市场份额的形式表现，它的变化反映了全球贸易增长过程中一国实际的进口扩张。模型中主要引入了5个方面的解释变量：一是反映出口国供给与消费能力的变

---

① 陈永福、韩昕儒：《全球化背景下中国玉米市场过剩原因分析及对策探讨》，《经济问题探索》2016年第3期。

量，包括出口国农业生产力水平、人口规模；二是中国的国内需求因素，包括中国的经济发展水平和人口规模等；三是代表贸易成本的变量，包括距离、汇率以及反映制度环境和市场开放程度的变量等；四是反映多双边贸易关系的变量，包括进口来源国是否为WTO成员方、是否与中国建立了双边自贸区；五是市场干预政策，由于玉米临时收储政策尤其是玉米临时收储价格连续多年的上调被认为是托高国内市场价格、拉大国内外价差从而导致饲料粮进口增长的原因之一，本书将临时收储政策虚拟变量以及该虚拟变量与临时收储价格的交乘项纳入模型进行考察。首先构建能量饲料进口的总量模型如下：

$$\ln S_{jk,t} = \alpha_0 + \alpha_1 \ln EPV_{k,t} + \alpha_2 \ln POP_{k,t} + \alpha_3 \ln GDP_{j,t} + \alpha_4 \ln POP_{j,t} + \alpha_5 \ln DIS_{jk,t} + \alpha_6 \ln EXC_{jk,t} + \alpha_7 \ln TFI_{k,t} + \alpha_8 FTA_{jk,t} + \alpha_9 WTO_{k,t} + \alpha_{10} STO_{j,t} + \alpha_{11} STO_{j,t} \times \ln SPR_{j,t} + \varepsilon_{jk,t}$$

（4.1）

其中，t为贸易年度；被解释变量$S_{jk,t}$表示中国从k国进口饲料占全球从k国总进口的份额，它是三元边际框架下的进口总量，$S_{jk,t} \in [0, 1]$；α_0—α_{11}是待估参数，$\varepsilon_{jk,t}$是随机误差项。

解释变量的指标选取及数据来源见表4-1。需要说明的是，模型中用以反映双边供给需求因素的解释变量$EPV_{k,t}$、$POP_{k,t}$、$GDP_{j,t}$和$POP_{j,t}$均采用的是相对于全球总规模的量级，目的是保持这些变量与被解释变量的对等性。$FTA_{jk,t}$、$WTO_{k,t}$和$STO_{j,t}$均以虚拟变量形式纳入模型。

表4-1　　　　　　　解释变量的指标选取及数据说明

因素	指标	变量	预期方向	数据来源及说明
出口国农业供给能力	出口国农业产值占全球农业总产值的份额	$EPV_{k,t}$	+	世界银行
出口国消费市场规模	出口国人口份额	$POP_{k,t}$	−	世界银行
进口国经济发展水平	中国的GDP份额	$GDP_{j,t}$	+/−	世界银行
进口国消费市场规模	中国的人口份额	$POP_{j,t}$	+	世界银行
可变贸易成本	距离	$DIS_{jk,t}$	−	Map Developers 网站
	两国之间的汇率	$EXC_{jk,t}$	−	世界银行，由笔者换算为人民币对外币汇率
固定贸易成本	出口国贸易自由度指数	$TFI_{k,t}$	+	美国传统基金会
经济组织成员	双边自贸区	$FTA_{jk,t}$	+	中国自由贸易区服务网
	WTO成员方	$WTO_{k,t}$	+	WTO网站
玉米临时收储政策	是否实行临时收储政策	$STO_{j,t}$	+	中国农业农村部
	临时收储价格	$SPR_{j,t}$	+	中国农业农村部

利用式（3.1）至式（3.5）将进口份额分解为扩展边际、数量边际和价格边际后，本书进一步构建包含方程（4.2）至方程（4.4）的联立方程模型，探究各项因素对进口总量产生影响的路径，进而回答价格因素和国内需求因素是通过怎样的路径影响饲料进口增长的。

$$\ln EM_{jk,t} = \beta_0 + \beta_1 \ln EPV_{k,t} + \beta_2 \ln POP_{k,t} + \beta_3 \ln GDP_{j,t} +$$
$$\beta_4 \ln POP_{j,t} + \beta_5 \ln DIS_{jk,t} + \beta_6 \ln TFI_{k,t} +$$
$$\beta_7 FTA_{jk,t} + \beta_8 WTO_{k,t} + \mu_{jk,t} \quad (4.2)$$

$$\ln Q_{jk,t} = \varphi_0 + \varphi_1 \ln P_{jk,t} + \varphi_2 \ln EPV_{k,t} + \varphi_3 \ln POP_{k,t} +$$

$$\varphi_4 \ln GDP_{j,t} + \varphi_5 \ln POP_{j,t} + \varphi_6 \ln DIS_{jk,t} + \varphi_7$$
$$\ln EXC_{jk,t} + \varphi_8 FTA_{jk,t} + \varphi_9 WTO_{k,t} + \tau_{jk,t} \quad (4.3)$$
$$\ln P_{jk,t} = \gamma_0 + \gamma_1 \ln Q_{jk,t} + \gamma_2 \ln EPV_{k,t} + \gamma_3 \ln GDPC_{j,t} +$$
$$\gamma_4 \ln DIS_{jk,t} + \gamma_5 FTA_{jk,t} + \gamma_6 WTO_{k,t} + \gamma_7 STO_{j,t} +$$
$$\gamma_8 STO_{j,t} \times \ln SPR_{j,t} + \vartheta_{jk,t} \quad (4.4)$$

其中，被解释变量 $EM_{jk,t}$、$Q_{jk,t}$ 和 $P_{jk,t}$ 分别为饲料进口的扩展边际、数量边际和价格边际。本书构建该模型的逻辑如下：

（1）双边供给需求因素对 $EM_{jk,t}$ 和 $Q_{jk,t}$ 均可能产生影响；$P_{jk,t}$ 则主要受到出口国供给能力和进口国经济发展水平的影响，而与人口规模无关，根据需求相似理论[①]，中国的经济发展水平在方程（4.4）中用人均实际 GDP（$GDPC_{j,t}$）衡量，数据来源于世界银行。

（2）贸易成本因素方面，汇率通过影响本币购买能力而影响到 $Q_{jk,t}$，由于本书进口价格全部以美元计价，汇率不再是 $P_{jk,t}$ 的影响因素；Kancs、Chaney 的研究均表明，固定贸易成本主要影响贸易的扩展边际，对集约边际没有影响，[②③] 因此本书只在方程（4.2）中纳入变量 $TFI_{k,t}$。

（3）临时收储属于价格保护政策，可能通过作用于市场价格而对能量饲料进口产生影响，为此，本书将政策变量 $STO_{j,t}$ 和 $SPR_{j,t}$ 纳入价格边际影响因素的方程中进行考察。

[①] 需求相似理论证明，影响一国需求偏好的主要因素是人均收入水平，高收入国家对加工程度深、价值高的产品的需求较大，低收入国家更倾向于消费低价值商品。

[②] D'Artis Kancs, "Trade Growth in a Heterogeneous Firm Model: Evidence from South Eastern Europe", *World Economy*, Vol. 30, No. 7, 2007, pp. 1139–1169.

[③] Thomas Chaney, "Distorted Gravity: The Intensive and Extensive Margins of International Trade", *American Economic Review*, Vol. 98, No. 4, 2008, pp. 1707–1721.

最后，将具有双向因果关系的$P_{jk,t}$和$Q_{jk,t}$作为解释变量分别纳入方程（4.3）和方程（4.4）中，其中$P_{jk,t}$是本书重点关注的价格因素。

二 样本选择及变量的描述性统计

本章以能量饲料为研究对象，以2000—2017年中国进口能量饲料的全部来源国为样本，这一时期，中国共从75个国家进口能量饲料，各年进口来源国的数量为16—40个不等。首先对中国在这些国家能量饲料出口中所占份额进行三元分解，图4-2给出了总体的测算结果。[①] 可以看出，数量边际与进口份额的变化趋势高度一致，说明中国能量饲料进口增长主要沿着数量边际实现；扩展边际逐渐增大，意味着能量饲料进口正向着市场多元化和产品多样化的方向发展；价格边际多数年份都高于1，表明中国能量饲料的进口价格水平高于国际平均价格水平。

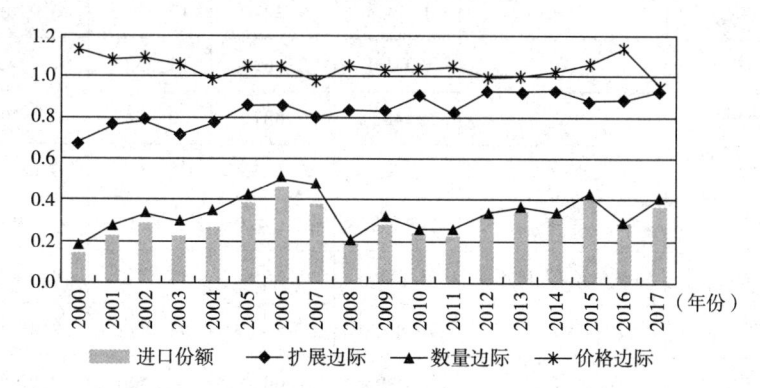

图4-2 中国能量饲料进口的三元边际（2000—2017年）

资料来源：根据UN Comtrade进口贸易数据计算得出。

[①] 该结果是对75个进口来源市场的分解结果进行平均，具体参考赵金鑫等的计算方法。赵金鑫等：《我国饲料产品进口增长的三元边际分析》，《农业技术经济》2017年第7期。

在能量饲料进口的各个时期都存在贸易伙伴增加或减少的事实，在这种情况下，如果从中提取平衡面板，就会损失大量的样本，从而降低估计效率，也会破坏样本的随机性。① 为此，本书利用非平衡面板数据对模型进行估计。由于个别国家的统计数据缺失较多，本书最终选取 69 个进口来源国作为样本个体，有效样本量共 466 个。各变量的描述性统计见表 4-2。

表 4-2　　　　　　　　变量的描述性统计

变量	单位	均值	标准差	最大值	最小值
$S_{jk,t}$	—	0.1323	0.2487	1.0000	0.0000
$EM_{jk,t}$	—	0.4594	0.3839	1.0000	0.0000
$Q_{jk,t}$	—	0.2395	0.3290	1.0000	0.0000
$P_{jk,t}$	—	5.2226	15.5612	173.9992	0.0530
$EPV_{k,t}$	%	1.6037	2.3196	11.5951	0.0033
$POP_{k,t}$	%	1.5754	3.2280	17.7950	0.0106
$GDP_{j,t}$	%	8.6061	2.6624	12.2532	4.4742
$POP_{j,t}$	%	19.4521	0.6870	20.6247	18.5205
$GDPC_{j,t}$	万元/人	0.4323	0.1730	0.1772	0.6894
$DIS_{jk,t}$	千米	7142.6854	4435.4297	19288.5900	953.3900
$EXC_{jk,t}$	外币单位/人民币元	2.8191	3.3855	13.5141	0.0003
$TFI_{k,t}$	—	76.1290	11.7439	90.0000	8.4000
$SPR_{j,t}$	元/千克	1.0396	1.0020	2.2400	0.0000

① 吴勇、林悦：《非平衡面板数据模型的估计方法及应用》，《统计与决策》2013年第 8 期。

第三节 饲料进口的影响因素研究

一 进口总量模型估计结果及分析

由于被解释变量的取值范围是受限的,本书采用面板 Tobit 模型对进口总量模型进行估计。为避免可能存在异方差而产生不一致的估计量,这里选择左设限数据的区间估计,以得到稳健标准误差。表 4-3 报告了总量模型的估计结果,其中第二列是随机效应的 GLS 估计结果,作为 Tobit 模型结果的参照,第三列是面板 Tobit 模型左设限数据的区间估计结果,第四列是固定了时间效应的结果。由于 Tobit 模型系数的原始估计值没有特定的经济学含义,表 4-3 第三列、第四列给出的系数是利用模型估计结果计算的边际效应。

表 4-3　　　　能量饲料进口的总量模型估计结果

变量	GLS	面板 Tobit	面板 Tobit
$\ln EPV_{k,t}$	0.0320**	0.0334*	0.0326*
	(1.98)	(1.86)	(1.83)
$\ln POP_{k,t}$	-0.0372**	-0.0401*	-0.0392*
	(-2.00)	(-1.93)	(-1.90)
$\ln GDP_{j,t}$	-0.0930	-0.1134	-0.6964
	(-0.54)	(-0.64)	(-0.77)
$\ln POP_{j,t}$	-1.2522	-1.4532	-7.0877
	(-0.78)	(-0.89)	(-0.84)
$\ln DIS_{jk,t}$	-0.0327	-0.0320	-0.0303
	(-1.28)	(-1.07)	(-1.02)

续表

变量	GLS	面板 Tobit	面板 Tobit
$\ln EXC_{jk,t}$	-0.0306*** (-6.40)	-0.0346*** (-5.63)	-0.0353*** (-5.78)
$\ln TFI_{k,t}$	-0.0355 (-1.28)	-0.0344 (-1.23)	-0.0382 (-1.36)
$FTA_{jk,t}$	0.0665*** (4.24)	0.0652*** (4.04)	0.0714*** (4.37)
$WTO_{k,t}$	0.0799*** (3.19)	0.0792*** (3.09)	0.0809*** (3.23)
$STO_{j,t}$	0.0454 (0.92)	0.0470 (0.94)	0.0575 (0.21)
$STO_{j,t} \times \ln SPR_{j,t}$	-0.0439 (-0.93)	-0.0457 (-0.96)	-0.0105 (-0.04)
常数项	-1.9279 (-0.63)	-2.3410 (-0.75)	-13.0820 (-0.81)
固定时间效应	否	否	是
σ_μ	0.1033	0.1259*** (9.10)	0.1260*** (9.10)
σ_e	0.0760	0.0805*** (26.72)	0.0781*** (26.70)
ρ	0.6484	0.7095	0.7228
对数似然值	—	377.618	389.929
LR 检验	—	438.70***	453.37***
左设限样本量（$\ln X \leq 0$）	—	31	31

注：***、**、*分别表示1%、5%、10%的显著性水平；括号内数字是各系数的t统计量。

Tobit 模型的 LR 检验结果拒绝不存在个体效应的原假设，个体误差σ_μ和随机误差σ_e较小，方差比 ρ 大于 0.7，说明本书使用随机效应面板模型是合理的。GLS 与两个 Tobit 模型估计结果之间没有太大差异，在一定程度上说明本书 Tobit 模型估计结果是稳健的。

能量饲料进口总量模型的估计结果表明：

（1）出口国农业生产力水平对中国能量饲料进口规模产生正向影响，同时出口国人口规模一定程度上阻碍了对中国的出口，这与预期相符。出口国生产力水平越高，就会产生越多的超额供给用以出口；而人口数量越多意味着国内消费需求越旺盛，超额供给减少，从而对中国出口减少。

（2）国内消费因素是本书的关注点之一，从模型结果来看，中国经济发展水平提高和人口规模扩大对能量饲料进口增长的作用并不显著。可能的原因是，一方面，经济发展带来的消费需求增长往往是渐进的，这与剧烈波动的能量饲料进口增长趋势不符；另一方面，经济发展也是中国供给能力提高的表现，综合来看，它对进口增长的作用是不确定的。中国人口基数大，但增长缓慢，对进口增长的边际贡献较小，因而对于当前能量饲料进口激增现象的解释力不强。该结果意味着，国内对能量饲料的刚性需求具有单调、渐进性质，国内需求是饲料进口的市场基础，但并不是当前阶段能量饲料进口出现大幅增长的主导因素。

（3）贸易双方都是 WTO 成员方或者双方建立自贸区均显著促进了中国能量饲料进口增长。这是因为 WTO 成员方需要履行关税削减、措施透明、最惠国待遇等义务，市场开放程度较高；自贸区的建立则进一步提高了贸易便利化水平，降低了市场进入成本，从而促进了伙伴国对中国的能量饲料出口。

(4) 人民币对外币汇率提高能够显著促进中国能量饲料进口增长,与预期相符;与中国的距离、出口国贸易自由化程度以及中国实施临时收储政策等因素对能量饲料进口总量的影响均不显著。

二 进口三元边际的影响因素分析

本书利用联立方程模型分析各主要因素对能量饲料进口增长三元边际的影响,从而识别出各因素对饲料进口总量产生影响的作用路径。为判断联立方程模型的可识别性,本书对方程 (4.2)、方程 (4.3) 和方程 (4.4) 的阶条件和秩条件进行检验,结果显示 3 个方程均为过度识别。本书选择迭代式三阶段最小二乘法 (3SLS) 对联立方程模型进行估计,原因有两个:一是该方法在估计过度识别方程时是富有效率的;二是由于三个内生变量 $EM_{jk,t}$、$Q_{jk,t}$ 和 $P_{jk,t}$ 的样本取值受限,该方法第三阶段的 GLS 估计能够保证得到一致估计量。① 表 4-4 是联立方程模型的估计结果。

表 4-4　　　　三元边际的联立方程模型估计结果

变量	$\ln EM_{jk,t}$	$\ln Q_{jk,t}$	$\ln P_{jk,t}$
$\ln P_{jk,t}$		-0.1367** (-2.06)	
$\ln Q_{jk,t}$			-0.7884* (-1.72)
$\ln EPV_{k,t}$	0.0466*** (3.37)	-0.0097 (-0.95)	-0.0596*** (-2.88)

① Takeshi Amemiya, "The Estimation of a Simultaneous-Equation Tobit Model", *International Economic Review*, No.1, 1979, pp. 169–181.

续表

变量	$\ln EM_{jk,t}$	$\ln Q_{jk,t}$	$\ln P_{jk,t}$
$\ln POP_{k,t}$	-0.0449***	-0.0189	
	(-2.64)	(-1.35)	
$\ln GDP_{j,t}$	-0.3070	-0.5188	
	(-1.07)	(-1.62)	
$\ln POP_{j,t}$	-2.4918	-4.8979	
	(-1.16)	(-1.58)	
$\ln GDPC_{j,t}$			0.1930**
			(2.10)
$\ln DIS_{jk,t}$	-0.0727***	-0.0095	0.0949
	(-4.23)	(-0.53)	(1.39)
$\ln EXC_{jk,t}$		-0.0332***	
		(-7.11)	
$\ln TFI_{k,t}$	0.1531**		
	(2.50)		
$FTA_{jk,t}$	0.1635***	0.0269	-0.3101***
	(4.90)	(0.70)	(-2.61)
$WTO_{k,t}$	-0.0246	0.1642***	0.2072
	(-0.52)	(4.35)	(1.43)
常数项	-4.5351	-9.2429	0.1921
	(-0.89)	(-2.32)	(0.29)
$STO_{j,t}$			-1.1873**
			(-2.32)
$STO_{j,t} \times \ln SPR_{j,t}$			1.6302*
			(2.17)
均方根误差	0.2526	0.1938	0.7972
R^2	0.1073	0.3608	0.1754
χ^2 检验	64.14***	255.66***	53.79***

注：***、**、*分别表示1%、5%、10%的显著性水平；括号内数字是各系数的 t 统计量。

从中可以得出以下结论：

（1）能量饲料进口的数量边际与价格边际之间具有相互的负向影响，与供求理论的预期相符；数量边际对价格边际的影响不显著。该结果表明，价格边际主要通过影响数量边际对进口总量增长发挥作用，进口价格低廉是能量饲料进口增长的主要原因之一，也意味着中国能量饲料市场面临着来自国际市场的价格竞争，当国内价格持续上涨到一定程度时，就会引起国外产品对国内产品的替代；能量饲料进口增长尚不足以拉高进口价格，大国效应不明显，可能的原因在于国际市场上能量饲料原料供给充足，中国的大量进口未形成买方市场势力。

（2）中国经济发展水平和人口规模对能量饲料进口三元边际的影响均不显著，而人均收入水平对进口价格边际有显著的正向作用，符合需求相似理论预期。这意味着人均收入水平提高引起了能量饲料的进口结构变化从而影响了进口的价格边际，但在当前阶段，国内需求增长并不能很好地解释中国能量饲料进口出现大幅增长这一现象。也就是说，国内需求因素是中国饲料进口的市场基础，但并非当前饲料进口出现快速增长的主导原因。

（3）出口国生产能力的提高显著增加了能量饲料贸易的广度，同时降低了产品价格，由于对二者产生了方向相反的影响，出口国生产能力对中国能量饲料进口总量的影响不显著。出口国人口规模主要通过影响贸易广度对中国能量饲料进口总量产生影响。

（4）两国之间的距离和出口国贸易自由度均对进口广

度产生了预期的显著影响,距离对进口价格边际和数量边际的影响不显著;这两个因素对能量饲料进口总量的影响均不显著,主要原因是广度增长在进口总量增长中的贡献较小。该结果说明,要从一国市场上进口新的产品,必须要考虑运输距离和市场障碍等贸易成本;当这种产品实现进口以后,就意味着包含了贸易成本的进口价格是在进口方能够接受的合理区间内,距离不再是影响价格和进口数量的主要因素。汇率对进口数量边际产生显著的负向影响,符合预期。

(5) 双边自贸区的建立显著增加了能量饲料进口的广度,同时使价格边际显著降低,该结果表明,在自贸区生效的初期阶段,中国从伙伴国进口能量饲料的增长主要来源于双边贸易便利化和市场开放带来的进口价格降低和进口产品种类增加。出口国是 WTO 成员能够显著提高中国能量饲料进口的数量边际,从而提高进口总量,但对广度和价格边际的影响不显著,可能原因是 WTO 规定的贸易便利措施都是基础性的,尚不足以显著降低新产品的市场进入成本,成员国降低贸易壁垒的普惠性也致使用一国相对于世界平均水平的进口价格来表示的进口价格边际不会受到影响。

(6) 玉米临时收储政策的实施对中国能量饲料进口的价格边际起到显著的正向影响。本书根据模型估计结果模拟了实施临时收储政策对进口价格边际的作用效果(见图4-3)。设定能量饲料进口价格边际的基准值 $P_0 = 1.0$,临时收储价格以不低于1.4元/千克定价,在其他因素不发生变化的情况下，临时收储政策实施与否起到了改变截距的效果，同时临时收储价格增大了曲线斜率。从图4-3中可以看出，该项政策实施显著拉高了中国能量饲料的进口价格边际。究其原因，临时收储价格的上涨对进口能量饲料的价格形成示范效应，引起了中国能量饲料进口价格的上涨。

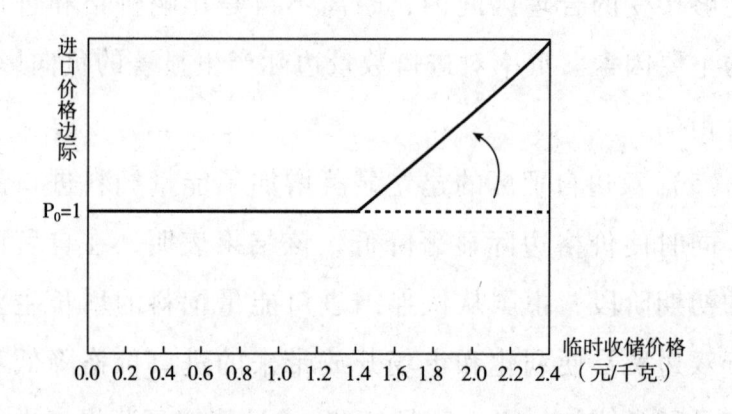

图4-3 临时收储价格对能量饲料进口价格水平的影响

第四节 本章小结

针对能量饲料进口增长是国内外价差驱动还是国内刚性需求拉动这一问题，本章基于三元边际和联立方程模型进行实证研究，主要研究结论如下：

（1）中国能量饲料进口增长的主导因素是国内外价差的扩大。国内能量饲料市场面对着来自国际市场的价格竞争，尤其在玉米临时收储政策不断托高国内价格的情况下，国内产品的竞争优势逐渐丧失。双边自贸区的建立和出口国农业生产力的提高均能够显著降低进口能量饲料的价格，进而引起低价进口品对国内高价能量饲料的替代，这也是国内能量饲料产量持续增长未能减缓进口增长的主要原因。

（2）国内对能量饲料的刚性需求是能量饲料进口的市场基础，但并没有对当前的能量饲料进口增长产生直接影响。目前中国能量饲料供给相对稳定，由收入水平提高和人口增长等因素引起的消费增长应该是单调、渐进的，这同样说明国内需求因素不能用以解释近年来能量饲料进口呈现的快速增长现象。人均收入水平提高引起能量饲料进口结构变化，一定程度上拉高了能量饲料进口价格的整体水平，也使人均收入水平对能量饲料进口规模的影响路径变得复杂。

（3）玉米临时收储价格的不断上涨对进口能量饲料的价格形成示范效应，引起中国进口能量饲料价格的上涨。临时收储政策的实施使国产玉米得以高价售出，用粮企业将减少对国内高价产品的购买，增加对国际市场低价能量饲料的需求。在这种情况下，临时收储价格上调就会引起国际市场提高对中国出口价格的连锁反应。

（4）运输距离和市场障碍等贸易成本因素以及建立双边自贸区均通过影响贸易广度促进饲料进口增长。自贸区的建立使贸易壁垒大幅降低，并为双边贸易的开展提供最大限度的便利化条件，因而显著降低了中国能量饲料进口价格，同时进口广度得到扩展。对于已经克服市场障碍开展国际贸易的饲料产品来说，运输距离不再是影响其贸易数量和贸易价格的原因。

（5）本书采用联立方程模型对三元边际影响因素的研究充分考虑了各个边际量之间存在的双向因果关系，取得了理想的研究结果，弥补了现有相关文献在理论框架和方法采纳上存在的不足，能够为今后相关研究的开展提供经验借鉴。

第五章　饲料进口产品替代性和市场竞争关系研究

在中国饲料市场不断扩大开放背景下，饲料进口呈现出规模不断扩大、产品种类多样、来源市场多元化的特征，突出表现在玉米、大麦、高粱和 DDGS 等能量饲料粮产品之间。不同饲料粮品种之间以及各进口来源国之间呈现出产品替代和竞争性市场格局。为厘清中国市场对不同品种、不同来源饲料的进口需求偏好差异以及饲料进口市场的产品替代性和市场竞争关系，从而对中国饲料进口的市场效率形成判断，本章尝试借鉴 Dameus 等的方法，选择并建立合适的进口需求模型系统，将区分来源的不同品种的饲料纳入同一研究框架，对不同品种、不同来源饲料的支出弹性和价格弹性进行测算。研究结果一方面有助于对中国饲料粮进口市场的内部竞争关系形成更准确的判断，为产业政策制定、市场结构优化和企业生产决策提供依据；另一方面测算得到的进口需求弹性值能够用于开展国内支持政策或贸易政策的效果评估等相关研究。

第一节 理论基础与研究方法

一 理论基础

市场竞争状况和产品的可替代程度能够反映市场效率。微观经济学的市场结构理论认为，最富有效率的市场上，卖方之间具有充分的竞争性，买方则具有充分的自由选择权，同类产品之间具有完全的替代性，并且各种生产资源可以自由流动。尽管这只是一种理想的市场状态，但可以作为一个衡量标准对替代产品等复杂市场的竞争结构与产品替代性进行分析，以反映市场效率状况，提供市场结构的帕累托改进方向。高效率的竞争性市场一方面能够促进生产者提高技术水平，降低生产成本，进而促进整个行业生产效率的提升；另一方面使消费者需求得到最大化满足，提高消费者的福利水平。从资源配置角度来看，在竞争性市场上，资源在不断流动过程中实现了其在不同用途间、不同效益间以及在生产过程中的不同使用组合间的效用最大化选择，能够有效提高资源的配置效率与配置效益。

在开放市场环境下，一国不具有比较优势的产业易遭受来自国际市场的竞争和挤压，贸易保护政策被广泛用以保护本国相对弱势但又具有战略意义的产业。中国农业作为关系国计民生的重要基础产业，长期受到国内支持政策和贸易保护政策的扶持。玉米关税配额政策的实施一方面保证了饲料用粮的国内供应，降低了饲料产业的进口依存度；另一方面由于这种进口替代战略并不能完全消除饲料粮的进口依赖性，大麦、高粱、DDGS 等玉米替代品大量进口，使饲料粮进口的产品结构发生改变。

通过对饲料粮进口市场上的产品替代关系和来源国之间的竞争关系进行分析，有助于把握饲料粮进口的市场格局及市场效率状况，从而判明市场改革方向，为提高饲料粮市场的资源配置效率、供给效率以及用粮企业的福利水平提供政策指导。

二 进口需求系统模型：Rotterdam 模型与近似理想需求系统（AIDS）

进口饲料粮产品之间的替代关系和来源国之间的竞争程度用交叉价格弹性衡量，借助进口需求系统模型能够实现对进口产品交叉价格弹性的测算。现有文献中用于研究进口需求的主流方法有 Rotterdam 模型和 AIDS 模型两种，前者来源于双对数线性需求函数的微分形式，属于参数空间近似，因此，除非施加很强的约束条件，否则该模型不能恰当地反映消费者的偏好[1]；后者根据消费经济学理论推出，其建模思想是在给定价格体系和一定的效用水平下，实现支出最小化。与 Rotterdam 模型相比，AIDS 模型在反映消费偏好及运算方面更加灵活。

本书对饲料粮进口需求进行区分产品、区分来源的研究，在确定本书拟采用的 Rotterdam 模型或 AIDS 模型具体

---

[1] Giancarlo Moschini, et al., "Maintaining and Testing Separability in Demand System", *American Journal of Agricultural Economics*, Vol. 76, No. 1, 1994, pp. 61–73.

形式基础上,利用 Cox 检验识别出其中更适用于本书所选样本数据的一个模型。根据 Demeus 等的研究[1],区分进口来源的 Rotterdam 模型形式如下:

$$W_{ih,t} d\ln Q_{ih,t} = \alpha_{ih} + \sum_j \sum_k \gamma_{ihjk} d\ln P_{jk,t} + \beta_{ih} \left(d\ln X_t - \sum_j \sum_k W_{jk,t-1} d\ln P_{jk,t} \right) + \varepsilon_{ih}$$

(5.1)

其中,i、j 代表产品类型,h、k 分别代表产品 i 和产品 j 的进口来源地,t 是时间变量。$W_{ih,t}$ 是一国从 h 国进口 i 产品的价值占中国进口饲料粮总支出的比重,$Q_{ih,t}$ 是该国从 h 国进口 i 产品的数量,$P_{jk,t}$ 是不同来源饲料粮产品的价格,X_t 代表该国饲料粮进口总支出;α_{ih}、γ_{ihjk}、β_{ih} 均为待估参数,ε_{ih} 为随机误差项。

为便于进行模型选择的 Cox 检验,需使 AIDS 模型与 Rotterdam 模型在形式上尽可能保持一致,为此,本书中区分来源的 AIDS 模型借鉴 Yang 和 Koo 的研究[2],并采用一阶差分形式。一阶差分 AIDS(FDAIDS)模型较好地解决了使用时间序列数据可能存在的自相关问题,具有更强的适应性,模型形式如下:

$$dW_{ih,t} = \alpha_{ih} + \sum_j \sum_k \gamma_{ihjk} d\ln P_{jk,t} + \beta_{ih}$$

---

[1] Alix Dameus, et al., "Aids Versus the Rotterdam Demand System: A Cox Test with Parametric Bootstrap", *Journal of Agricultural and Resource Economics*, Vol. 27, No. 2, 2002, pp. 335 – 347.

[2] Seung – Ryong Yang and Won W. Koo, "Japanese Meat Import Demand Estimation with the Source Differentiated AIDS Model", *Journal of Agricultural & Resource Economics*, Vol. 19, No. 2, 1994, pp. 396 – 408.

$$\left(d\ln X_t - \sum_j \sum_k W_{jk,t-1} d\ln P_{jk,t} \right) + e_{ih} \quad (5.2)$$

模型（5.1）与模型（5.2）具有完全相同的自变量，区别在于因变量的不同。故而参数的性质也存在差异。对于模型中存在的待估参数过多导致模型系统自由度低的问题，本书参考赵殷钰和郑志浩的做法[①]对模型进行处理，即假定所有不同来源 k 的产品 j 对来源于 h 国的商品 i 具有相同的交叉影响，用公式表示为：

$$\gamma_{ihjk} = \gamma_{ihj}, \quad \forall k \text{ 且 } j \neq i \quad (5.3)$$

由此，本书最终采用的 Rotterdam 模型为：

$$W_{ih,t} d\ln Q_{ih,t} = \alpha_{ih} + \sum_k \gamma_{ihik} d\ln P_{ik,t} + \sum_{j \neq i} \gamma_{ihj} d\ln P_{j,t} + \beta_{ih}$$
$$\left(d\ln X_t - \sum_j \sum_k W_{jk,t-1} d\ln P_{jk,t} \right) + \varepsilon_{ih} \quad (5.4)$$

最终采用的 FDAIDS 模型形式如下：

$$dW_{ih,t} = \alpha_{ih} + \sum_k \gamma_{ihik} d\ln P_{ik,t} + \sum_{j \neq i} \gamma_{ihj} d\ln P_{j,t} +$$
$$\beta_{ih} \left(d\ln X_t - \sum_j \sum_k W_{jk,t-1} d\ln P_{jk,t} \right) + e_{ih} \quad (5.5)$$

其中，$P_{ik,t}$ 为来自 k 国的产品 i 的价格，$P_{j,t}$ 为来自的产品 j 的加权价格，定义为 $\ln P_{j,t} = \sum_k W_{jk} \ln P_{jk,t}$。

这两个模型的参数需满足以下需求性质。

加总性：

$$\sum_i \sum_h \alpha_{ih} = 1; \quad \sum_h \gamma_{ihik} = 0; \quad \sum_i \sum_h \gamma_{ihj} = 0; \quad \sum_i \sum_h \beta_{ih} = 0$$
$$(5.6)$$

齐次性：

[①] 赵殷钰、郑志浩：《中国大豆和大豆油需求——基于 SDAIDS 模型的实证分析》，《中国农村经济》2015 年第 11 期。

$$\sum_k \gamma_{ihik} + \sum_{j \neq i} \gamma_{ihj} = 0 \qquad (5.7)$$

对称性：

$$\gamma_{ihik} = \gamma_{ikih} \qquad (5.8)$$

上述两个模型的设定基于两个假设。第一，假设进口不同产品之间不具备可加性，即中国消费者对不同来源国的同一种饲料粮表现出不同的偏好，不同来源的同种饲料粮之间不可完全替代；第二，假设不同品种的饲料粮的进口市场是不可分的，即中国消费者对某种饲料粮（如玉米）的需求会受到其他饲料粮产品（如高粱）价格的影响，因而需要将不同品种饲料粮的进口需求纳入同一个需求系统中进行分析。

本书参照 Dermot J. Hayes 等的做法[1]对两个模型的产品可加性和局部可分性进行检验。产品加总性的原假设表示为：

$$H0: \alpha_{ih} = \alpha_i, \ \gamma_{ihjk} = \gamma_{ij}, \ \beta_{ih} = \beta_i \qquad (5.9)$$

其中，α_i、γ_{ij}、β_i 是不区分来源的进口需求模型中的参数。局部可分性的原假设表示为：

$$H0: \gamma_{ihj} = W_{ih}\gamma_{ij} \qquad (5.10)$$

三 基于自举抽样法（bootstrap）的 Cox 检验

Cox 检验的目的是确定样本数据更适用于 Rotterdam 模型还是 FDAIDS 模型。根据 Dameus 等的研究，Cox 检验步骤如下：①在满足模型设定的加总性、齐次性和对称性约束条件下，使用原始数据集分别对模型（5.4）和模型

---

[1] Dermot J. Hayes, et al., "Testing Restrictions on a Model of Japanese Meat Demand", *American Journal of Agricultural Economics*, Vol. 72, No. 1, 1990, pp. 556–566.

(5.5) 进行完全信息极大似然估计（FIML）；②利用模型估计得到的对数似然值计算两个模型的真实似然比；③基于 Bootstrap 法从原始数据集中抽取若干个样本容量与原始数据集相同的自举样本集；④利用每一个自举样本集重新估计两个模型，计算模拟的似然比；⑤利用以下公式计算 Cox 检验的 p 值。

$$p-value = \frac{numb[L_0(\hat{\theta}_{0j}, y_j) - L_1(\hat{\theta}_{1j}, y_j) \leq L_0(\hat{\theta}_0) - L_1(\hat{\theta}_1) \forall j = 1, \cdots, N] + 1}{N+1}$$

(5.11)

其中，numb [·] 是计数函数，用于计算满足条件的统计值的数量；L_0（·）和 L_1（·）分别表示原假设和备择假设下的对数似然值，j 是自举样本集标记，具体来说，$L_0(\hat{\theta}_{0j}, y_j)$ 和 $L_1(\hat{\theta}_{1j}, y_j)$ 是用自举样本集估计两个模型得到的对数似然值，$L_0(\hat{\theta}_0)$ 和 $L_1(\hat{\theta}_1)$ 是用原始数据集估计得到的对数似然值；N 为自举样本集的总数。计算得到的 p 值越小，拒绝原假设的可能性越大。本书将以 FDAIDS 模型作为原假设，以 Rotterdam 模型作为备择假设进行 Cox 检验。

第二节 样本选择与数据来源

一 能量饲料进口市场格局及样本选择

从中国饲料进口贸易特征来看，饲料进口初具规模始于 2010 年。2010 年以前的进口以非饲用大麦为主，2010 年以后，由于国内玉米等粮食价格快速上涨，用作饲料加工的玉米、DDGS、大麦和高粱的进口出现激增,并且在贸易上表现出明显的产品替代性。为此,本书拟以玉米、DDGS、大麦和高粱这四种主要的饲料原料为研究对象,对中国饲料进口市场的需求结构展开实证分析。样本期选择已形成进口规模的 2010 年 1 月至 2019 年 12 月,以月度为单位,有效样本量共 119 个。

在进口来源的划分上,选择样本期内具有持续贸易流量的主要来源国进行重点考察,将其他进口来源国合并为同一市场。从各产品的进口市场结构来看(见表 5-1),玉米的进口来源国主要是乌克兰、美国和老挝。中国从 2010 年开始大量进口美国玉米,2012 年开始进口乌克兰玉米,从 2015 年开始,乌克兰超过美国成为中国第一大玉米进口来源国;2019 年从乌克兰进口玉米 413.77 万吨,占玉米进口总量的 86.37%;从美国进口玉米 31.77 万吨,占玉米进口总量的 6.63%。考虑到 2012 年以前没有进口乌克兰玉米,这里将玉米的进口来源划分为美国、老挝和其他国家;从贸易流量来看,"其他国家"中,乌克兰占市场主导,因此在下文分析中"其他国家玉米"主要指乌克兰玉米。

大麦进口来源方面,澳大利亚、加拿大和法国长期占据市场主导地位,市场格局一直较为稳定,2019 年中国从这三个国家分别进口大麦 231.57 万吨、145.95 万吨和 118.30 万吨,分别占大麦进口总量的 39.06%、24.62%、19.95%,因此,大麦的进口来源划分为澳大利亚、法国、加拿大和其他国家。

第五章 饲料进口产品替代性和市场竞争关系研究 135

表 5-1 中国主要饲料原料的进口来源

单位：万吨，%

产品	2005 年			2010 年			2015 年			2019 年		
	国家	进口量	份额	国家	进口量	份额	国家	进口量	份额	国家	进口量	份额
玉米	合计	0.39		合计	157.21		合计	472.83		合计	479.06	
	老挝	0.19	48.50	美国	150.18	95.52	乌克兰	385.07	81.44	乌克兰	413.77	86.37
	越南	0.10	24.40	老挝	4.20	2.67	美国	46.18	9.77	美国	31.77	6.63
	美国	0.07	17.70	缅甸	1.94	1.23	保加利亚	15.99	3.38	老挝	14.17	2.96
大麦	合计	217.92		合计	236.72		合计	1073.20		合计	592.88	
	澳大利亚	116.00	53.23	澳大利亚	136.18	57.53	法国	442.36	41.22	澳大利亚	231.57	39.06
	加拿大	70.49	32.35	法国	50.23	21.22	澳大利亚	436.20	40.64	加拿大	145.95	24.62
	法国	29.68	13.62	加拿大	48.45	20.47	加拿大	104.22	9.71	法国	118.30	19.95
高粱	合计	0.90		合计	8.33		合计	1069.88		合计	83.21	
	缅甸	0.90	99.51	澳大利亚	6.90	82.87	美国	896.56	83.80	美国	60.11	72.24
				缅甸	1.43	17.13	澳大利亚	164.40	15.37	阿根廷	13.96	16.77
DDGS	合计	0.06		合计	316.42		合计	682.09		合计	14.06	
	日本	0.05	72.85	美国	316.24	99.94	美国	681.85	99.97	美国	13.95	99.23

注：数据来源于 UN Comtrade，由笔者整理。

高粱进口从 2013 年开始形成规模，2013 年以前主要从澳大利亚进口。美国高粱由于低价优势进口量迅速增加，2019 年中国从美国进口高粱 60.11 万吨，占进口总量的 72.24%。由于美国高粱进口持续时间较短，这里将高粱进口来源划分为澳大利亚和其他国家，"其他国家"高粱中以美国高粱为主。进口 DDGS 几乎全部来自美国，在研究中不再区分进口来源。2019 年从美国进口 13.95 万吨，占进口总量的 99.23%。

二　数据来源

能量饲料月度进口额和进口量数据来源于中国海关总署进出口贸易数据库，月度进口价格由进口额除以进口量得到的单位值代替。

第三节　饲料进口需求偏好及替代关系分析

一　产品加总性及局部可分性检验结果

本书对区分来源的 Rotterdam 模型和 FDAIDS 模型的产品加总性及局部可分性分别进行检验，结果见表 5-2。

表 5-2　　产品加总性和局部可分性检验结果

原假设	Rotterdam 模型 χ^2 值	P 值	检验结果	FDAIDS 模型 χ^2 值	P 值	检验结果
H0：玉米不用区分进口来源	72.33	<0.0001	拒绝	674.47	<0.0001	拒绝
H0：大麦不用区分进口来源	61.27	<0.0001	拒绝	226.46	<0.0001	拒绝

续表

原假设	Rotterdam 模型			FDAIDS 模型		
	χ^2 值	P 值	检验结果	χ^2 值	P 值	检验结果
H0：高粱不用区分进口来源	24.59	0.0105	拒绝	784.27	<0.0001	拒绝
H0：系统整体不用区分进口来源	176.24	<0.0001	拒绝	1883.79	<0.0001	拒绝
H0：玉米局部可分于其他产品	54.99	<0.0001	拒绝	1509.90	<0.0001	拒绝
H0：大麦局部可分于其他产品	37.16	0.0001	拒绝	2169.1	<0.0001	拒绝
H0：高粱局部可分于其他产品	21.00	0.0008	拒绝	1655.72	<0.0001	拒绝
H0：DDGS 局部可分于其他产品	58.66	<0.0001	拒绝	7606.43	<0.0001	拒绝
H0：系统整体是局部可分的	154.13	<0.0001	拒绝	11887.03	<0.0001	拒绝

Rotterdam 模型和 FDAIDS 模型的产品加总性检验结果均显示，玉米、大麦、高粱以及系统整体不用区分进口来源的原假设均在 1% 的显著性水平上被拒绝，说明不同来源的玉米、大麦、高粱均被视为不同质的产品，在中国饲料粮进口市场上不能完全相互替代，因此在构建饲料粮进口需求模型时有必要对进口来源地加以区分。Rotterdam 模型和 FDAIDS 模型的局部可分性检验结果均显示，在 1% 的显著性水平下，玉米、大麦、高粱以及系统整体局部可分的原假设均被拒绝，这意味着玉米、大麦、高粱和 DDGS 的需求会受到彼此价格变化的影响，因此这四种产品应当被纳入同一个进口需求系统中进行研究。产品加总性和局部可分性检验结果证明模型（5.4）和模型（5.5）的设定是合理的。

二 模型选择的 Cox 检验结果

本书利用 Bootstrap 法从原始数据集中抽取了 500 个自举样本集，以 FDAIDS 模型为原假设，以 Rotterdam 模型为备择假设,进行模型选择的 Cox 检验。检验结果(见表 5-3)显示,Cox 检验的 p 值为 0.7066,数值较大,意味着不能拒绝原假设,FDAIDS 模型更适合用于本书对饲料粮进口需求的研究。以 Rotterdam 模型为原假设、以 FDAIDS 模型为备择假设进行检验得到的结论是一致的。

表 5-3　　　　基于 Bootstrap 的 Cox 检验结果

统计量	数值
$L_0(\hat{\theta}_0)$	1848.9170
$L_1(\hat{\theta}_1)$	616.0018
原始似然比	1232.9152
N	500
$L_0(\hat{\theta}_{0j}, y_j)$ 平均值	1916.4016
$L_1(\hat{\theta}_{1j}, y_j)$ 平均值	725.0896
p-value	0.7066

三　能量饲料进口产品替代性及市场竞争关系分析

为对中国饲料进口市场上的产品替代性和来源国之间形成的竞争关系进行评估,本书利用 FIML 方法对区分来源的 FDAIDS 模型进行估计。首先利用模型估计结果并参考 Yang 和 Koo 的计算方法,对中国能量饲料进口的支出弹性和马歇尔价格弹性进行测算。

$$\text{支出弹性:} \eta_{ih} = 1 + \frac{\beta_{ih}}{w_{ih}} \qquad (5.12)$$

$$\text{马歇尔自价格弹性:} \varepsilon_{ih} = -1 + \frac{\gamma_{ihih}}{w_{ih}} - \beta_{ih} \qquad (5.13)$$

马歇尔交叉价格弹性: $\varepsilon_{ihik} = \frac{\gamma_{ihik}}{w_{ih}} - \beta_{ih}\left(\frac{w_{ik}}{w_{ih}}\right)$; $\varepsilon_{ihj} = \frac{\gamma_{ihj}}{w_{ih}} -$

$$\beta_{ih}\left(\frac{w_j}{w_{ih}}\right) \tag{5.14}$$

表 5-4 是测算得到的中国能量饲料进口支出弹性和马歇尔价格弹性的估计值，这里重点关注支出弹性和自价格弹性，以识别中国对各来源进口饲料的需求偏好差异，以及不同来源饲料进口需求对于价格变化的敏感程度差异。进口支出弹性反映进口总额变动引起某一产品需求的变化程度，通常为正值，支出弹性值大于 1，表明该产品进口增长幅度超过进口总支出的变化幅度，也就意味着随着进口市场的扩张，该产品在进口市场上的份额将逐渐增大；反之亦然。进口的自价格弹性表示进口价格变动引起产品进口量的变动程度，如果其绝对值显著大于 1 表现为富有弹性，意味着产品进口规模易受自身价格变化的影响；如果自价格弹性的绝对值小于 1，表明产品进口规模受到自身价格变动的影响较小，即表现为进口需求的刚性，预示对该产品具有相对稳定的进口需求。从市场的角度看，若进口自某一市场的产品缺乏价格弹性，表明对来自该市场的进口品不易受到其价格的影响，意味着对该进口来源国具有一定的市场依赖性。

从表 5-4 结果可以看出：

(1) 四种饲料粮的支出弹性均为正值，其中，法国大麦的支出弹性最大，为 1.3750；其次是美国玉米、美国高粱、乌克兰玉米、澳大利亚的大麦和高粱。该结果表明，随着中国饲料粮进口市场的进一步扩张，对大麦、玉米和高粱这三种饲料粮的需求都将出现大幅增长；法国大麦市场份额的变化最为明显；美国将成为中国饲料粮市场扩大开

表 5-4 能量饲料进口的支出弹性和马歇尔价格弹性

产品及进口来源		价格弹性									支出弹性
		美国	老挝	其他国家	澳大利亚	法国	加拿大	其他国家	大麦	高粱	DDCS	
玉米	美国	-1.0689*** (-12.22)	-0.0700** (-2.09)	0.0960 (1.28)					2.1617*** (4.99)	1.4864* (1.91)	-3.8060*** (-5.14)	1.2008*** (4.74)
	老挝	-1.2925* (-1.91)	1.3774 (1.41)	-1.0024 (-1.10)					2.3077 (0.85)	6.8179*** (2.28)	-8.8219*** (-2.78)	0.6139 (0.71)
	其他国家	0.2413 (1.37)	-0.1294 (-1.13)	-1.1475*** (-5.39)					6.4290*** (6.22)	8.5748*** (7.27)	-15.1347*** (-10.52)	1.1665* (1.72)
		美国	老挝	其他国家	澳大利亚	法国	加拿大	其他国家	玉米	高粱	DDGS	
大麦	澳大利亚	-0.5804 (-0.76)	0.6554* (1.77)	-0.6866 (-1.43)	-0.4321 (-0.73)				1.8752*** (6.86)	1.7506*** (2.28)	-3.7085*** (-3.98)	1.1264*** (4.63)
	法国	3.5119* (1.73)	-5.3976*** (-2.70)	-0.7767 (-0.43)	1.5329 (0.82)				2.5149** (2.24)	2.6188 (1.06)	-5.3792* (-1.87)	1.3750* (1.81)
	加拿大	-2.7188 (-1.39)	-0.5569 (-0.41)	0.4588 (0.22)	1.9352 (0.86)				1.3630 (1.52)	3.1962 (1.54)	-4.3351* (-1.68)	0.6576 (1.30)
	其他国家	-5.2490 (-0.76)	3.3883 (0.82)	5.6187 (0.86)	-4.8778 (-0.52)				6.5451** (2.26)	6.4411 (1.41)	-13.2132** (-2.52)	1.3466 (0.63)

续表

产品及进口来源		价格弹性					支出弹性
		澳大利亚	其他国家	玉米	大麦	DDGS	
高粱	澳大利亚	-3.5074***	2.4995**	1.1701	1.3296	-2.5343	1.0426**
		(-3.17)	(2.25)	(1.42)	(1.25)	(-1.44)	(2.35)
	其他国家	0.4490**	-1.4814***	3.6314***	3.6293***	-7.4028***	1.1744***
		(2.25)	(-7.08)	(12.29)	(10.23)	(-12.87)	(5.08)
	合计			高粱	大麦	玉米	
DDGS		15.9687***		-6.2126***	-5.1543***	-5.2202***	0.6183
		(70.16)		(-11.90)	(-11.73)	(-14.58)	(1.24)

注：*、**、***分别表示10%、5%、1%的显著性水平，括号中的数值为t值；下同。

放进程中的最大受益者，玉米、高粱等多种产品将从美国大量进口。这意味着，随着中国饲料粮需求日益增长，大麦、高粱、玉米将更多地依靠进口，并且，在现有的饲料粮贸易框架下，中国对美国市场的依赖度会继续加深。

（2）从自价格弹性的估计值可以看出，法国大麦的自价格弹性显著为负，绝对值最大，为 -5.3976；美国玉米、乌克兰玉米、澳大利亚高粱和美国高粱的自价格弹性也显著为负，绝对值均大于1，表现为富有弹性；进口老挝玉米、进口澳大利亚和加拿大大麦的自价格弹性不显著。该结果意味着，中国进口法国大麦以及从美国和乌克兰进口玉米、从澳大利亚和美国进口高粱的规模都很容易受到自身价格变化的冲击，进口量不稳定；主要源于中国对进口玉米和进口高粱的需求并非刚性，原因在于玉米消费需求主要依靠国产玉米，进口玉米受到配额限制，占玉米总需求的份额很小，高粱在饲料加工中只作为玉米替代品使用，因此，对进口玉米和进口高粱的需求表现出富有弹性。从老挝进口玉米的数量以及从澳大利亚和加拿大进口大麦的数量受价格变化的影响不明显，说明中国对老挝玉米以及澳大利亚和加拿大的大麦具有稳定的进口需求，就大麦进口而言，中国对澳大利亚和加拿大市场具有较强的依赖性。

进一步地，本书借鉴 Hayes 等的方法计算了饲料粮进口的希克斯价格弹性（见表5-5），目的有两个：第一，与马歇尔价格弹性相比，希克斯价格弹性剔除了收入效应，能够更准确地反映不同饲料粮产品之间的替代或互补关系以及不同来源国之间的市场竞争关系；第二，通过比较分析马歇尔价格弹性和希克斯价格弹性的数值与显著性水平，能够对测算结果的稳健性进行验证。希克斯价格弹性测算方法如下：

希克斯自价格弹性：$\epsilon_{ih} = -1 + \dfrac{\gamma_{ihih}}{w_{ih}} + w_{ih}$ （5.15）

希克斯交叉价格弹性：$\epsilon_{ihik} = \dfrac{\gamma_{ihik}}{w_{ih}} + w_{ih}$；$\epsilon_{ihj} = \dfrac{\gamma_{ihj}}{w_{ih}} + w_j$

（5.16）

表5-5是中国能量饲料进口的希克斯价格弹性的估计结果，该结果与表5-4马歇尔价格弹性的估计值具有高度一致性。

能量饲料进口的希克斯价格弹性揭示出中国能量饲料进口市场格局具有以下特点：

（1）美国玉米和乌克兰玉米之间、澳大利亚高粱和美国高粱之间均呈现较强的市场竞争关系，其中澳大利亚高粱对美国高粱的替代性更强。从希克斯交叉价格弹性估计结果来看，美国玉米与乌克兰玉米之间以及澳大利亚高粱和美国高粱之间的希克斯交叉价格弹性均为正值，且在1%的水平上显著，表现为替代关系；澳大利亚高粱对美国高粱的交叉价格弹性为2.6636，揭示出美国高粱在中国市场上具有较强的竞争力。该结果与近年来中国进口乌克兰玉米规模超过美国玉米，以及美国对中国出口高粱存在倾销行为等事实相吻合。美国对中国出口高粱采取的倾销措施极大地提高了其在中国市场上的竞争力，使中国从澳大利亚进口高粱的份额迅速减小。

（2）进口大麦各来源国之间的市场竞争关系不明显，中

表 5-5　能量饲料进口的希克斯价格弹性

产品及进口来源		美国	老挝	其他国家	价格弹性	大麦	高粱	DDGS
玉米	美国	-0.8928*** (-11.04)	-0.0611* (-1.85)	0.1676** (2.26)		2.5764*** (6.62)	1.7096** (2.22)	-3.4997*** (-4.59)
	老挝	-1.2025* (-1.85)	1.3820 (1.41)	-0.9658 (-1.06)		2.5197 (0.95)	6.9319** (2.29)	-8.6653*** (-2.75)
	其他国家	0.4123** (2.26)	-0.1207 (-1.06)	-1.0779*** (-5.39)		6.8319*** (6.94)	8.7916*** (7.63)	-14.8371*** (-10.15)
		澳大利亚	法国	加拿大	其他国家	玉米	高粱	DDGS
大麦	澳大利亚	-0.3227 (-0.42)	0.7027** (1.89)	-0.6240 (-1.31)	-0.4107 (-0.70)	2.1158*** (7.44)	1.9599** (2.56)	-3.4212*** (-3.70)
	法国	3.8264* (1.89)	-5.3398*** (-2.66)	-0.7002 (-0.39)	1.5590 (0.84)	2.8087** (2.54)	2.8743 (1.19)	-5.0284* (-1.71)
	加拿大	-2.5684 (-1.31)	-0.5293 (-0.39)	0.4954 (0.23)	1.9477 (0.87)	1.5035* (1.69)	3.3184 (1.61)	-4.1673 (-1.61)
	其他国家	-4.9409 (-0.70)	3.4449 (0.84)	5.6935 (0.87)	-4.8522 (-0.52)	6.8329** (2.44)	6.6914 (1.50)	-12.8696** (-2.40)

第五章 饲料进口产品替代性和市场竞争关系研究 ◀ 145

续表

产品及进口来源		澳大利亚	其他国家	价格弹性			
					玉米	大麦	DDGS
高粱	澳大利亚	-3.4777*** (-3.15)	2.6636** (2.41)		1.3928* (1.66)	1.6897 (1.57)	-2.2683 (-1.31)
	其他国家	0.4824** (2.41)	-1.2966*** (-6.48)		3.8824*** (13.17)	4.0350*** (11.31)	-7.1032*** (-12.57)
DDGS	合计	16.1264*** (83.60)			玉米	大麦	高粱
					-5.0880*** (-15.24)	-4.9407*** (-11.65)	-6.0976*** (-11.99)

国对主要来源国仍然具有较强的依赖性。从结果可以看出，除法国大麦对澳大利亚大麦呈现一定的替代关系以外，其他的大麦主要进口来源国之间的交叉价格弹性均不显著，这意味在进口大麦的市场选择方面，中国对目前的各来源市场均具有一定的依赖性，一旦双方发生贸易摩擦，短期内我们将难以从其他市场弥补大麦的进口需求缺口。

（3）进口玉米、大麦和高粱相互之间表现出较强的产品替代关系。具体而言，大麦、高粱对美国和乌克兰玉米均具有明显的替代性，澳大利亚、法国和加拿大大麦的进口容易受到玉米价格变化的影响。高粱对澳大利亚大麦具有较强的替代性，而对法国和加拿大大麦的替代不明显，可能的原因是中国进口加拿大和法国大麦主要用于酿酒，高粱进口则以饲用为主，产品之间未形成替代关系，而进口的澳大利亚大麦中很大比例为饲用。玉米和大麦对澳大利亚高粱的替代性不显著，而对美国高粱具有很强的替代关系。

（4）DDGS与不同来源的玉米、大麦、高粱之间存在较强的互补关系。估计结果显示，DDGS与所有来源的进口玉米、大麦、高粱之间的希克斯交叉价格弹性均为负值，且大部分弹性值都显著。DDGS与其他三种饲料粮在贸易上表现出的互补关系与饲料生产实际情况相符，在饲料加工中，DDGS主要作为蛋白饲料使用，而玉米、大麦和高粱属于能量饲料原料，这两类原料在功用上是互补的。

第四节　本章小结

在这一章中，我们对中国饲料进口的产品替代性和市场竞争关系展开研究，以把握饲料进口的市场格局及市场效率状况，提供市场调控方向。为此，利用2010年1月—2019年12月的能量饲料进口贸易数据，基于Cox检验确定了适用的区分进口来源的需求系统模型，测算了不同产品、不同来源能量饲料的支出弹性、马歇尔价格弹性和剔除收入效应的希克斯价格弹性。主要研究结论如下：

（1）中国饲料进口市场上不同来源的玉米、大麦、高粱均属于不同质的产品，对某一种饲料产品的进口需求也会受到其他饲料产品价格变化的影响，因此，对饲料进口需求的研究需要区分进口来源，并将相关联产品纳入同一系统进行整体性研究。Cox检验结果证实，相较于Rotterdam模型，基于消费经济学理论的AIDS模型更适合本书所采用的样本，该方法在进行模型选择方面是有效的，在研究类似问题时具有普适性。

（2）随着中国饲料需求日益增长和市场的扩大开放，未来大麦、高粱、玉米的进口依赖程度会进一步提高，法国大麦进口增长最为明显，美国将成为中国饲料市场扩大开放进程中的最大受益者，玉米、高粱等多种产品将从美国大量进口。在现有的饲料贸易框架下，中国对美国市场的依赖程度会继续加深，双方贸易关系的敏感性也会随之日益凸显。

（3）各来源进口大麦受自身价格变化的影响不明显，除法国大麦对澳大利亚大麦具有替代性之外，其他主要进口来源国之间尚未形成较强的市场竞争关系，这意味着中国对进口大麦具有稳定的需求和稳定的来源地。在进口大麦的市场选择方面，中国对目前的主要来源国均具有一定的依赖性，因此，一旦贸易双方发生摩擦，短期内我们将难以从其他市场弥补大麦的进口需求缺口。

（4）玉米主要进口来源国之间以及高粱主要进口来源国之间呈现出较强的市场竞争关系，这是中国积极开展双边贸易合作、拓展进口来源渠道的结果。但就目前的进口市场格局而言，玉米和高粱的进口来源过于集中，市场选择较少，也就意味着中国饲料粮进口市场仍然缺乏效率。

（5）进口玉米、大麦和高粱相互之间具有较强的产品替代性，DDGS与不同来源的玉米、大麦、高粱之间存在较强的互补关系。这四种产品在贸易上表现出的替代和互补关系与饲料加工实际情况是吻合的。就饲料原料品种而言，中国市场上已具备产品多样化条件，饲料加工企业拥有更多的原料品种选择，这在一定程度上有助于提高企业的福利水平。

第六章 饲料进口市场与国内市场的关联性分析

评价饲料进口市场效率的另一维度是饲料国内市场与国际市场的关联性。中国饲料市场逐步扩大开放是否促进国内外市场一体化发展、提高市场运行效率，这是评价市场开放水平的标准之一。如果市场是富有效率的，在开放环境下国内市场价格与进口品的价格会趋于一致，这种一致性既表现在价格水平上，也表现在价格波动的关联性上。为此，本章选择玉米为代表性产品，建立时间序列动态模型对饲料进口价格与国内市场价格之间的联动性进行考察，旨在把握饲料国内市场与进口市场的一体化程度，对中国饲料市场的运行效率和对外开放水平做出评价。

第一节 价格传导理论与研究对象选择

根据国际贸易理论，当国内外市场在要素禀赋或供求平衡状态上存在较大差异时，即导致两个市场的产品之间出现价格差，只要贸易成本低于国内外市场价差，产品就会在两个市场间流动。如果市场运行是富有效率的，国内外市场间会达到新的市场平衡，价格趋于一致。两个市场之间价格变化的相互影响程度体现出市场一体化程度和市场运行效率。

中国饲料市场与主要来源国之间存在明显的资源禀赋差异，不同饲料品种在市场开放程度方面存在较大差异。大麦、高粱、木薯、DDGS等产品的市场是完全放开的，进口关税水平普遍较低，大麦进口关税为3%，高粱为2%，木薯和DDGS均为5%。玉米是中国政府保障粮食安全的战略性产品，在过去有长达10年的时间里受到临时收储政策的保护，在进口方面也受到配额的限制，配额外关税高达65%。

本书选择玉米这一典型产品，对其进口市场与国内市场的关联性展开分析，原因有三个。首先，玉米是饲料原料中最主要的品种之一，其市场开放程度也是最低的，掌握了玉米国内外市场的一体化程度也就掌握了饲料粮市场开放进程中的薄弱环节。其次，玉米正处于市场化改革过程中，对玉米市场运行效率的评价能够为玉米市场化改革方向的把握提供借鉴。最后，在数据采集方面，玉米作为重要的粮食产品，其国内外市场价格监测工作完备，数据可信度高，易于获取，且样本量大；大麦、高粱等其他产品的国内市场价格尚无可信的公开获取渠道，对进口到岸价格的采集于近几年开启，样本量不足以用于研究。

本书采用2004年1月至2019年10月玉米国内市场价格和进口到岸完税价格的月度数据展开研究。玉米国内市场价格数据来源于农业农村部，进口到岸完税价格来源于中华粮网，根据从广州黄埔港采集的美国玉米到岸完税价格日度数据取算数平均值。

图 6-1 是玉米国内市场价格与到岸完税价格的波动情况，表 6-1 是样本的描述性统计。可以看出：①进口到岸完税价格波动幅度较大，国内市场价格的变化相对平稳。主要原因在于进口价格受到国际玉米市场行情、原油价格与海运费用变化等多种因素影响，而国内玉米市场受保护程度较高，相对稳定；②国内玉米价格与进口价格在总体趋势上具有一致性，表现出同步涨跌的态势，表明玉米国内市场与进口市场之间存在一定的关联；③从 2012 年 5 月到 2018 年 7 月长达六年的时间里，玉米市场存在国内外价格倒挂的情况，即国内市场价格高于进口到岸完税价格，这段时间恰好也是中国多种饲料原料进口快速增长的时期，说明国内外价差扩大是中国饲料粮进口增长的主要原因。

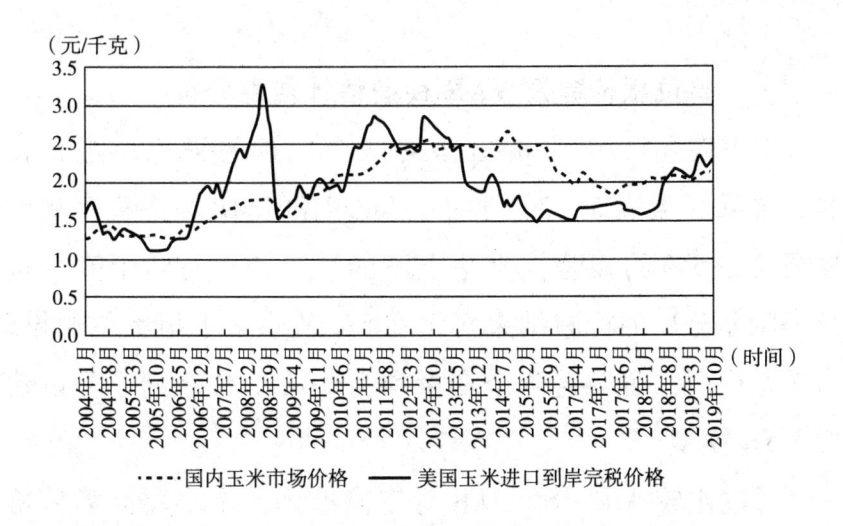

图 6-1 玉米国内市场价格与进口价格月度走势

表6-1　　　　　　　　　　变量的描述性统计

变量	样本量	最大值	最小值	均值	标准差	偏度	峰度
国内玉米价格（DP）	190	2.70	1.25	1.95	0.40	-0.18	1.89
美国玉米进口到岸完税价格（IP）	190	3.27	1.08	1.92	0.48	0.48	2.55

第二节　饲料国内外市场价格波动的传递效应

本书建立向量自回归（VAR）模型对玉米国内市场与进口市场之间的价格传导路径进行研究，利用脉冲响应函数和方差分解探究变量的扰动项对系统变量产生的动态影响，其优点在于能够有效避免对模型变量内生性和外生性的错误判断。为消除时间序列数据存在异方差的问题，本书对玉米国内市场价格和进口到岸完税价格取对数形式，分别表示为LnDP和LnIP。

一　单位根检验及VAR模型估计结果分析

本书使用ADF检验方法对两个变量的平稳性进行检验，结果（见表6-2）显示，LnDP和LnIP为平稳序列的原假设在5%的显著性水平上不能被拒绝；对两个变量进行一阶差分后的检验结果显示在5%的水平下拒绝原假设，为平稳序列，说明这两个变量均为一阶单整序列，可以建立VAR模型。

通过比较AIC、SC、LR等定阶准则，本书建立滞后阶数为2的VAR模型分析玉米国内市场价格与进口到岸完税价格之间的相互影响。VAR 模型的估计结果如表 6-2 所示。

表 6-2　　　　　　　序列的平稳性检验

变量	差分次数	检验类型（C, T, D）	统计量	5%临界值	检验结果
LnDP	0	(C, T, 2)	-1.168	-3.438	非平稳
LnIP	0	(C, T, 1)	-2.182	-3.438	非平稳
LnDP	1	(0, 0, 1)	-7.598	-2.884	平稳
LnIP	1	(0, 0, 1)	-10.633	-2.884	平稳

注：(C, T, D) 中的 C、T、D 分别代表有截距项、有时间趋势项和滞后阶数。

$$\begin{bmatrix} \text{Ln}DP \\ \text{Ln}IP \end{bmatrix} = \begin{bmatrix} 0.0057 \\ 0.0172 \end{bmatrix} + \begin{bmatrix} 1.4720^{***} & 0.0675^{***} \\ -0.0669 & 1.2286^{***} \end{bmatrix} \begin{bmatrix} \text{Ln}DP_{t-1} \\ \text{Ln}IP_{t-1} \end{bmatrix} + \begin{bmatrix} -0.4914^{***} & -0.0542^{***} \\ 0.0865 & -0.2733^{***} \end{bmatrix} \begin{bmatrix} \text{Ln}DP_{t-2} \\ \text{Ln}IP_{t-2} \end{bmatrix} + \begin{bmatrix} \varepsilon_{1t} \\ \varepsilon_{2t} \end{bmatrix} \tag{6.1}$$

对 VAR 模型的系统稳定性检验结果显示，模型估计的所有特征方程的根都落在单位圆内，说明该模型是稳定的。单个方程及模型系统各阶系数的联合显著性通过了 Wald 检验。从估计结果可以看出：

(1) 两个变量的滞后一阶对自身当期价格都有显著的正向影响，滞后二阶对自身当期价格的影响显著为负。

(2) 玉米国内市场价格受到进口价格的影响较显著。具体来看，滞后一阶的进口价格对国内市场价格有正向影响，滞后二阶的进口价格对国内市场价格有负向影响。

(3) 国内市场价格对进口价格的影响不显著。

二 格兰杰因果关系检验

为进一步验证玉米国内市场与进口市场之间的价格传递关系，本书利用格兰杰因果关系检验对两个市场之间的价格传导路径进行探究。表6-3是格兰杰因果关系检验结果，可以看出，玉米国内市场价格与进口价格之间只存在单向的因果关系，进口价格是国内市场价格的格兰杰原因，而国内市场价格并非进口价格的格兰杰原因。该结果表明，玉米国内市场与进口市场之间价格波动的传导是单向的，进口市场价格波动会传导至国内市场，而国内市场价格波动不会影响进口玉米的价格。这意味着中国玉米市场在国际市场上处于被动地位，尽管国内玉米市场规模庞大，玉米进口不断增长，但市场影响力仍然不足。

表6-3 格兰杰因果关系检验结果

原假设	χ^2 值	P 值	检验结果
LnIP 不是 LnDP 的格兰杰原因	14.978	0.001	拒绝原假设
LnDP 不是 LnIP 的格兰杰原因	0.914	0.633	不能拒绝原假设

三 脉冲响应分析和方差分解

在VAR模型估计的基础上，本书利用脉冲响应函数分析变量发生扰动时系统发生的反应，并对变量之间的时滞关系进行判断。玉米国内市场价格与进口价格的脉冲响应结果见图6-2，其中纵轴表示被解释变量对解释变量的脉

第六章 饲料进口市场与国内市场的关联性分析 ◀ 155

冲响应水平，横轴表示响应函数的滞后期。

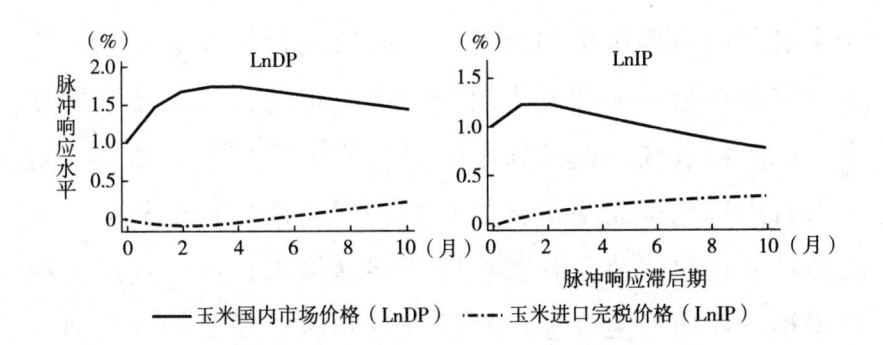

图 6-2 玉米国内市场价格与进口完税价格的脉冲响应结果

从脉冲响应结果可以看出：

（1）玉米国内市场与进口市场之间具有一定的关联性，两个市场在面对冲击时的响应程度有明显差别，存在市场地位的不对等，并且两个市场价格之间的动态相关关系具有持续性。

（2）国内市场价格受冲击的影响程度更大，在面对自身价格受到冲击或者进口市场价格受到冲击时，传导路径畅通，均在当期即表现出较强烈的反应，响应水平均为1%。

（3）玉米进口到岸完税价格在受到自身价格冲击或国内价格冲击时，均存在一个月的传导时滞，并且响应水平较低。其中，国内市场价格对进口到岸完税价格的传导方向在前三期内均为负向，进口到岸完税价格对其自身的传导方向始终为正。

方差分解用于分析每个结构冲击对被解释变量变化的

贡献率，表6-4是方差分解结果。可以看出，玉米国内市场和进口市场面对自身价格冲击时的响应都非常明显。对于来自国内市场价格的信息，国内市场价格和进口到岸完税价格均在第一期即发生反应，国内市场价格的波动随期数逐渐小幅衰减，进口到岸完税价格的反应非常微弱。对于来自进口到岸完税价格的新息，国内市场价格从第二期开始产生正向波动，波动随期数逐渐增大；进口到岸完税价格第一期即发生反应，并且进口到岸完税价格冲击对自身变化的贡献率在之后的多个时期一直保持很高的水平，没有衰减趋势。

表6-4　玉米国内市场价格与进口到岸完税价格的方差分解　　单位：%

期数	国内市场价格冲击		进口完税价格冲击	
	国内市场价格	进口完税价格	国内市场价格	进口完税价格
1	100.00	0.03	0.00	99.97
2	98.23	0.01	1.77	99.99
3	95.78	0.01	4.22	99.99
4	93.42	0.01	6.58	99.99
5	91.28	0.01	8.72	99.99
6	89.33	0.01	10.67	99.99
7	87.56	0.02	12.44	99.98
8	85.90	0.03	14.10	99.97
9	84.36	0.06	15.64	99.94
10	82.90	0.09	17.10	99.91

第三节　饲料国内外市场间的长期均衡关系

为了探究玉米国内市场与进口市场之间是否具有长期

的均衡关系，本书对两个价格序列进行了 Johansen 协整检验。检验结果（见表 6-5）显示，在 5% 的显著性水平下不能拒绝两者之间不存在协整关系的原假设，这意味着玉米国内市场与进口市场之间在价格上不存在长期稳定的均衡关系，两个市场是相对分离的。主要原因在于，中国玉米市场在过去很长一段时间内受到政策保护和政府调控，没有与国际市场建立紧密的关联。

表 6-5　　　　　　　　协整关系检验结果

原假设	特征值	迹统计量	5%临界值	伴随概率
不存在协整关系	0.0479	9.2454	12.3209	0.1552
至多存在一个协整关系	0.0008	0.1557	4.1299	0.7443

第四节　本章小结

本章以玉米为例对饲料进口价格与国内市场价格之间的关联性进行考察，以把握饲料国内市场与进口市场的一体化程度，对中国饲料市场的运行效率和对外开放水平做出评价。主要结论如下。

（1）玉米国内市场与进口市场之间价格波动的传导是单向的，进口市场价格波动会传导至国内市场，而国内市场价格波动对进口玉米价格没有影响。这意味着中国玉米市场在国际市场上处于被动地位，尽管国内玉米市场规模庞大，玉米进口不断增长，但市场影响力仍然不足。

（2）玉米国内市场与进口市场在面对冲击时的响应程

度具有明显差别，国内市场价格受冲击的影响程度更大，在面对自身价格受到冲击或者进口市场价格受到冲击时，传导路径畅通，能够在当期即表现出较强烈的反应。

（3）玉米国内市场与进口市场之间在价格联动方面不存在长期稳定的均衡关系，两个市场是相互分离的。主要原因在于，中国玉米市场在过去很长一段时间内受到国内支持政策保护和政府调控，对外开放程度低，市场化运行效率不高，尚未与国际市场建立紧密的关联。这也就意味着，中国玉米市场自行调节供求平衡的能力较弱。

第七章　主要结论与政策思考

本书在考虑了饲料生产和贸易上呈现的多产品、多市场的替代关系前提下，对中国饲料进口增长有关问题进行了深入探究。在把握中国畜禽养殖业对饲料需求的阶段性特征以及饲料供给的阶段性特征基础上，结合企业案例深入剖析了产业链纵向一体化背景下饲料加工企业选择进口原料的内在机制，重点探讨了中国饲料进口增长的路径和主导因素，定量评估了饲料进口的产品替代性和不同来源市场之间的竞争关系，并对饲料国内市场与进口市场的一体化程度做出了评价，旨在探寻扩大开放进程中合理统筹国内外市场、提高饲料供给效率的思路。主要结论和政策启示如下。

第一节　主要研究结论

随着畜禽养殖业向规范化、规模化、集约化方向发展，市场上对饲料原料和饲料产品的需求与传统养殖方式相比成倍增加，同时，饲料加工业发展面临着市场空间拓展更难、质量安全要求更严、资源环境约束更紧等诸多挑战；国内市场在饲料原料供给方面不能满足饲料加工企业多样化的产品需求，企业在选择玉米替代品方面需要更多地依赖国际市场。国内同类饲料原料相互之间的生产发展不协调，一方面，玉米仍然呈现供过于求的局面；另一方面，大麦、高粱等玉米替代品的国内产量非常少，且市场价格高，远不能满足市场需求。

  饲料加工企业选择进口饲料原料的动因主要在于低价的进口原料能够大大降低饲料生产成本，从而提高产业链终端的销售利润。产业链纵向一体化是当前饲料加工企业和畜禽养殖企业发展的主导方向，饲料加工企业在产业链中扮演代加工角色，其行为目标是在保证产品质量与营养健康前提下实现饲料生产成本最小化，在生产实践中主要通过原料采购及饲料配方调整实现。面对开放的市场环境，饲料加工企业在饲料原料采购方面有更多的产品选择，尤其对于南方地区的饲料加工企业来说，在国内玉米价格出现上涨或者国际市场上大麦、高粱等玉米替代品价格较低时，选择进口饲料原料能够有效降低饲料生产成本。

  中国饲料进口增长主要沿着数量增长这一路径实现，由于进口市场结构不断得到优化，进口价格水平呈逐渐下降趋势，贸易条件得到改善；饲料进口种类的变化在部分时期以及一些新兴贸易市场上对进口增长的贡献较大，产品的多元化在部分进口市场仍具有较大的发展潜力。双边自由贸易区的发展及多双边贸易伙伴关系的推进增加了中国进出口贸易的市场选择，通过各类饲料进口市场结构的不断优化，中国进口饲料的价格逐渐降低。目前，中国进口饲料的种类在总体上已经达到较高水平，从法国、乌克兰等部分市场上进口饲料的种类仍然较少，通过发展进口来源国市场上具有贸易潜力的饲料，可以促进中国饲料进口市场多元化，降低对单个市场的依赖性。

中国饲料进口增长主要来源于能量饲料原料的进口增长，其主导因素是国内外粮食价差的扩大；市场对能量饲料的刚性需求是能量饲料进口的市场基础，但并没有对当前的进口增长产生直接影响。国内能量饲料市场面对着来自国际市场的价格竞争，尤其在玉米临时收储政策不断托高国内价格的情况下，国内产品的竞争优势逐渐丧失。目前，中国玉米等能量饲料的生产相对稳定，由收入水平提高和人口增长等因素引起的消费增长应该是单调、渐进的，这同样说明国内需求因素不能用以解释近年来能量饲料进口呈现的快速增长现象。

双边自贸区的建立使贸易壁垒大幅降低，并为双边贸易的开展提供最大限度的便利化条件，一方面使中国饲料进口的广度得到扩展，另一方面显著降低了能量饲料进口价格，进而引起低价进口品对国内高价能量饲料的替代，这也是国内能量饲料粮产量持续增长未能减缓进口增长的主要原因。对于已经克服市场障碍开展国际贸易的饲料产品来说，运输距离不再是影响其贸易数量和贸易价格的原因。

进口玉米、大麦和高粱相互之间有较强的产品替代性，DDGS与不同来源的玉米、大麦、高粱之间均存在较强的互补关系；就玉米、大麦和高粱而言，不同来源的同一种产品之间可替代性不强，市场竞争关系尚未形成，中国对主要贸易伙伴仍然具有很强的市场依赖性，这意味着在面临突发的双边贸易摩擦时，我们难以在短期内迅速做出贸易调整，找到可替代的进口市场。随着中国饲料粮市场逐步扩大开放，大麦、玉米和高粱的进口需求都将快速增长，法国大麦进口增长将最为明显；美国和澳大利亚将成为中国饲料粮市场扩大开放进程中的主要受益者，多种饲料粮产品都将从这两个国家大量进口。

饲料国内市场与进口市场之间的一体化程度较低，两者之间的价格传导地位不对等，在价格联动方面不存在长期稳定的均衡关系。玉米国内市场与进口市场之间的价格波动是单向地由进口市场传导至国内市场；在面对来自国内市场或进口市场的冲击时，国内市场价格受冲击的影响程度也更大，能够在当期即表现出较强烈的反应。这意味着中国玉米市场在国际市场上处于被动地位，尽管国内玉米市场规模庞大，玉米进口不断增长，但市场影响力仍然不足。主要原因在于，中国玉米市场在过去很长一段时间内受到国内支持政策保护和政府调控，对外开放程度低，市场化运行效率不高，尚未与国际市场建立紧密的关联，这也导致了中国玉米市场自行调节供求平衡的能力偏弱。

第二节　对扩大开放中国饲料市场的政策思考与建议

在多种产品相互替代的进口贸易格局下，为了有效防止饲料进口快速增长给国内市场造成的挤压或冲击，以及对国家粮食安全带来的威胁，当前应该将关注点放在国内外价格变化及其影响因素上。一方面需要建立国际市场风险防范机制，可以采取国际市场行情监测预警等措施，及时发现市场波动，积极采取防控措施，避免国际市场价格大幅起落给中国能量饲料进口带来的负面影响；另一方面在制定国内支持政策或口岸干预政策时，要尽可能地避免其对市场价格造成扭曲。

中国对进口饲料原料的需求仍将持续增长，应该通过推进多双边贸易合作提高双边贸易便利化水平，降低贸易成本；提高贸易广度，促进饲料进口市场多元化，分散中国饲料进口可能面临的国际市场风险。多双边贸易伙伴关系的建立增加了中国进口贸易的市场选择和产品选择，需要深入发掘具有贸易潜力的市场，合理分散饲料的进口来源，增加新兴贸易伙伴国比较优势产品的进口，以减少国际市场突发事件可能对饲料进口带来的负面影响。要进一步优化饲料进口的市场结构，保证中国进口的饲料价格合理、品质优良。

为了减少饲料进口增长对国内市场带来的冲击，应该保持国内支持政策与口岸干预政策的协调一致和相辅相成。中国市场上出现饲料进口规模急剧扩大，进口结构发生剧烈变化的根源在于政府制定玉米临时收储政策时，忽略了贸易开放环境下的民营企业行为，造成了无配额限制的玉米替代品的进口激增，给国内市场带来了较大的冲击，属于典型的政策失误。随着农业供给侧结构性改革的深入推进,在政策制定上应该充分考虑可能对相关产品在生产或进出口方面产生的影响。

继续深入推进玉米等饲料原料种植的结构性改革,探寻降低饲料粮食生产成本的根本途径,以提高玉米替代品的国内供给能力,满足饲料加工企业对饲料原料的多样化需求。目前,国内饲料原料仍然存在结构性供给过剩问题,单纯的缩减玉米种植面积不能解决根本问题。一方面,需要继续深入地推进"粮改饲",通过调整区域种植结构,逐步扩种饲用的玉米替代品,增加饲用大麦、高粱等产品的国内供给,为饲料市场提供更多样的原料选择。另一方面,需要从根本上解决国内农作物种植成本高的问题,提高饲料粮种植效益。规模化种植是降低农业生产成本的根本途径,为此,可以借助当前农业种植结构调整的机会,加快土地流转,促进农业规模化发展。

充分发挥市场机制在饲料原料生产方面的决定作用,适度放开玉米进口,加快国内玉米市场与国际农产品市场并轨;统筹利用国内与国外市场的多种饲料原料资源,提高饲料原料的市场供给效率。一方面,可以采取财政补贴与农业保险双重措施,利用市场机制调整种植结构的同时,借助农业保险降低农民可能面临的市场风险,保障农民的种植利益。另一方面,可以考虑对粮食进口配额管理制度进行适当调整,对饲料粮和口粮实行差异化的配额管理,并将玉米进口配额向需求旺盛的民营企业倾斜。随着"粮改饲"的推进,玉米产量将有所下降,未来玉米供需缺口仍需依赖国际市场弥补。另外,玉米进口配额的分配应该向民营企业倾斜，目前玉米720万吨的进口配额中，民营企业大约只占40%，而中国饲料加工企业主要是民营企业，尤其集中在南方地区，对进口玉米具有旺盛的需求。饲料市场的放开能够为畜禽养殖业的发展提升提供充分的物质保障，有利于饲料产业链协调、健康、可持续发展，提高生产者和消费者的福利水平。

第三节　有待进一步研究的问题

进口饲料原料对国产饲料原料形成的产品替代性和市场竞争关系有待进一步研究。受到国产饲料原料月度消费和价格数据无法获取的限制，本书重点对进口饲料原料之间的产品替代性和市场竞争关系展开研究。进一步地，在样本量足够的情况下，可以使用年度数据，将国产饲料原料与进口饲料原料纳入同一需求系统模型中，对进口饲料原料与国产饲料原料之间产品替代性和市场竞争关系进行分析，以探究饲料原料进口对国内市场产生的影响。

饲料进口市场与国内市场的一体化程度需要长期跟踪关注，逐步形成系统性研究。随着高粱、大麦、玉米等饲料原料进口规模的扩大，国内外饲料市场之间的联系更加紧密。受国内饲料市场监测数据限制，本书在分析进口市场与国内市场关联性问题时只选择了玉米作为代表性产品。中华粮网、天下粮仓等市场信息服务机构已启动高粱、大麦等产品的国内市场价格与进口价格监测项目，未来这些数据的时间序列足以为研究提供支撑时，可以对大麦、高梁、玉米等主要饲料原料的国内外市场之间以及各产品之间的价格关联性形成系统的研究，以判断整个饲料市场的一体化程度和市场运行效率。

中美经易摩擦、非洲猪瘟等事件对中国饲料市场与贸易产生的影响有待深入研究。美国是中国饲料原料主要进口来源之一，中美经易摩擦发生以来，历次谈判与磋商都引起中国饲料市场发生较大幅度的波动，贸易谈判形成的结果将直接影响中国与美国之间的饲料贸易；非洲猪瘟的发生使中国生猪存栏出现大幅减少，降低了市场上的饲料需求，对中国饲料市场各方面及饲料进口需求均产生较大冲击。可以借助 GTAP 等方法对这些重要事件产生的贸易影响进行定量评估。

饲料进口增长对国内饲料产业、种植业及经济发展等方面产生的效应是值得关注的话题。饲料进口在数量上表现出迅速增长，在结构上表现出产品多样化，在进口来源上表现出市场多元化，这种进口格局的变化在微观上对饲料加工企业和国内农业生产均产生了较大的冲击，影响着国内饲料原料生产者和消费者的福利水平；在宏观上表现为对农业发展和经济发展产生的效应，可以做深入的影响评估。

附　录

饲料加工企业调研提纲

本次调研旨在了解我国饲料行业的产业链结构、产业链运行机制以及饲料加工企业的生产经营行为，考察企业在饲料加工过程中的原料替代方案以及企业在面对市场变化时采取的应对措施。调研结果用于学术研究，不涉及任何商业用途，请直言不讳。感谢您的配合与支持！

调研内容：

1. 企业基本情况

   - 主营业务；
   - 主营业务覆盖的地域范围，市场份额；
   - 企业发展过程（重要的结构调整、业务调整等）；
   - 政府的产业支持政策。

2. 饲料原料采购

- 饲料加工原料的种类;
- 国内采购渠道,交易方式,交易过程中发生的费用;
- 各个采购渠道的基本情况,原料供给的稳定性,价格差异,成本差异等;
- 饲料原料进出口情况(种类,主要市场,贸易渠道,交易方式,交易产生的费用);
- 国外出口商或经销商的基本情况;
- 原料进口的主要流程及进口贸易成本;
- 国内原料与进口原料之间的差异,选择进口原料的原因;
- 国内采购及进口的季节性特征,应对策略;
- 饲料原料的库存情况,库存在生产经营中的作用。

3. 饲料加工

- 主要饲料品种及生产规模(产能、产量);
- 饲料加工的季节性;
- 饲料生产配方(包括主要加工原料、配比等);
- 主要饲料原料在营养价值、加工工艺、成本等方面的特点;
- 生产原料之间可能存在的替代方案;
- 同种产品具有的配方数量;
- 更换配方(替代原料)的技术要求、成本增减情况和难度；

- 饲料加工的成本构成（重点关注能量饲料原料、蛋白饲料原料的占比）；
- 饲料加工中的成本可控环节，成本控制的关键点，企业降低饲料加工成本的常用手段。

4. 饲料产品销售

- 饲料产品的市场状况（销售渠道、交易方式、季节特征、主要竞争企业等）；
- 产品销售环节发生的费用，不同销售渠道发生交易费用的差异；
- 各销售渠道的产品定价策略；
- 产品的年销售量，自销与外销比例，自销与外销各自的优劣势；
- 自销和外销之间的差异（产品售价、成本收益核算等方面）；
- 饲料产品的进出口情况；
- 产品进/出口的主要流程，发生的交易费用；
- 进口饲料产品、国内饲料产品与生产用于出口的产品之间的差异。

5. 畜禽养殖及销售情况

- 养殖品种，规模，生长周期，存栏量、出栏量等；
- 畜禽不同成长阶段使用的主要饲料品种及食用量；
- 养殖成本构成，饲料在养殖成本中的比重；

- 养殖成本中的可控环节；
- 控制养殖成本的主要做法；
- 企业提高养殖利润的关键环节，主要做法。

6. 企业应对市场变化的决策反应

- 饲料原料端通常存在哪些市场风险（价格、自然灾害等）？对饲料加工成本、利润、出厂价格等方面产生怎样的影响？企业的规避措施有哪些？
- 畜禽养殖端通常存在哪些市场风险（价格、疫病等）？对饲料加工环节产生哪些影响？企业应对策略有哪些？
- 终端消费品（肉类/禽蛋）价格出现较大幅度变化时，对饲料加工环节会产生哪些影响？企业会相应做出哪些方面的调整？
- 从整个产业链来看，控制成本和防范市场风险的关键环节有哪些？产业链纵向一体化在成本控制和风险防范方面发挥怎样的作用？

7. 对饲料进出口贸易情况的认识和判断

- 我国每年进口的大麦、高粱、木薯、燕麦有多大比例（量）用作饲料原料？
- 进口产品质量；
- 原料贸易环节上存在的主要问题；
- 国际市场价格波动情况；
- 市场及合作伙伴关系的稳定性；

- 进口饲料原料对国内市场的影响；
- 贸易便利化程度；
- 国家采取的相关贸易调控措施。

8. 企业发展及其他关注点

- 饲料加工业发展面临的主要制约因素；
- 企业发展瓶颈及解决思路；
- 环保标准对企业及整个行业的影响；
- 企业进行产业链整合的优劣势；
- 产业链建设经验；
- 制约产业链建设与发展的主要因素；
- 进出口贸易发展经验及建议；
- 推动饲料产业发展的意见建议；
- 企业生产经营的其他关注点。

参考文献

钞贺森等:《肉类消费结构、饲料安全和粮食安全——农业"供给侧改革"的一个参照系》,《农业现代化研究》2017年第5期。

戴鹏、曾小溪:《中国农产品进口对国际市场的影响》,《经济问题探索》2015年第3期。

董政祎、王玉斌:《中国DDGS进口需求与进口效率分析》,《农业技术经济》2018年第12期。

高颖等:《中国大豆进口需求实证研究》,《农业技术经济》2012年第12期。

耿献辉等:《中国农产品出口二元边际结构及其影响因素》,《中国农村经济》2014年第5期。

龚谨等:《我国大麦进口贸易具有"大国效应"吗?》,《华中农业大学学报》(社会科学版)2018年第4期。

郭利京:《中国猪肉纵向关联产业价格传导》,博士学位论文,南京农业大学,2011年。

韩昕儒:《全球化背景下中国玉米的贸易、供求与预测》,博士学位论文,中国农业大学,2016年。

胡迪、杨向阳：《后疫情时代保障粮食安全的政策取向与策略选择》，《农业经济问题》2021年第1期。

黄季焜：《对近期与中长期中国粮食安全的再认识》，《农业经济问题》2021年第1期。

黄季焜等：《本轮粮食价格的大起大落：主要原因及未来走势》，《管理世界》2009年第1期。

黄季焜等：《从农业政策干预程度看中国农产品市场与全球市场的整合》，《世界经济》2008年第4期。

贾伟、秦富：《世界主要国家玉米贸易增长的影响分析》，《国际经贸探索》2012年第7期。

蒋和平等：《新时期我国粮食安全保障的发展思路与政策建议》，《经济学家》2020年第1期。

焦月等：《国内外玉米产业链间价格联系：对称还是非对称？》，《农村经济》2017年第5期。

亢霞等：《"去库存"背景下的玉米价格政策改革建议》，《价格理论与实践》2016年第1期。

蓝海涛、王为农：《中国中长期粮食安全重大问题》，中国计划出版社2008年版。

冷智花、付畅俭：《城镇化失衡发展对粮食安全的影响》，《经济学家》2014年第11期。

黎东升、曾靖：《经济新常态下我国粮食安全面临的挑战》，《农业经济问题》2015年第5期。

黎新伍、徐书彬：《中国农业供给结构失衡的测度及其空间特征研究》，《广东财经大学学报》2020年第4期。

李朝鲜、付京亚：《我国玉米价格与国际市场动态关联分析》,《价格理论与实践》2014年第5期。

李国祥:《2020年中国粮食生产能力及其国家粮食安全保障程度分析》,《中国农村经济》2014年第5期。

李慧燕等:《中国玉米进口来源地可依赖度比较分析》,《世界农业》2017年第8期。

娄源功、宋海峰:《经济全球化背景下我国饲料工业的现状及发展趋势》,《饲料工业》2003年第2期。

陆旸:《我国原油进口依存度的国别差异分析——基于Armington模型的实证检验》,《国际贸易问题》2008年第6期。

吕捷、林宇洁:《国际玉米价格波动特性及其对中国粮食安全影响》,《管理世界》2013年第5期。

罗锋、牛宝俊:《我国粮食价格波动的主要影响因素与影响程度》,《华南农业大学学报》(社会科学版)2010年第9期。

毛学峰等:《中国大规模粮食进口的现状与未来》,《中国软科学》2016年第1期。

毛学峰等:《中国粮食结构与粮食安全:基于粮食流通贸易的视角》,《管理世界》2015年第3期。

毛学峰等:《中国主要农产品进口政策偏好分析及政策启示》,《农业技术经济》2019年第10期。

梅燕:《中国粮食供求区域均衡变化研究:模型构建与模拟分析》,博士学位论文,浙江大学,2008年。

倪洪兴:《开放视角下的我国农业供给侧结构性改革》,《农业经济问题》2019年第2期。

齐皓天等:《如何满足中国日益增长的牛肉需求:扩大

生产还是增加进口》,《农业经济问题》2020年第11期。

钱学锋、熊平:《中国出口增长的二元边际及其因素决定》,《经济研究》2010年第1期。

沈宇丹等:《国内外玉米现货市场价格冲击效应研究》,《价格理论与实践》2018年第11期。

施炳展:《中国出口增长的三元边际》,《经济学》(季刊)2010年第4期。

宋洪远:《实现粮食供求平衡?保障国家粮食安全》,《南京农业大学学报》(社会科学版)2016年第4期。

苏航:《国内外粮食价差导致我国粮食进口激增的解决途径》,《价格月刊》2015年第12期。

孙玉娟、孙浩然:《粮食安全视阈下中国粮食进口贸易研究》,《价格月刊》2020年第3期。

谭琳元、李先德:《大麦进口关税政策调整对中国大麦产业的影响——基于局部均衡模型的模拟分析》,《农业技术经济》2020年第7期。

谭琳元、李先德:《基于贸易视角的中国大麦产业安全分析》,《中国农业资源与区划》2020年第4期。

唐华俊:《新形势下中国粮食自给战略》,《农业经济问题》2014年第2期。

陶莎等:《新冠肺炎疫情对中国饲料市场的影响及对策》,《农业展望》2020年第5期。

田甜等:《国际粮价波动溢出效应研究》,《价格理论与实践》,2016年第8期。

田文勇、姚琦馥:《我国蛋鸡和肉鸡配合饲料市场价格波动研究》,《价格理论与实践》2019年第1期。

王刚:《中国饲料行业集聚度研究》,硕士学位论文,中国农业大学,2011年。

王钢、钱龙:《新中国成立70年来的粮食安全战略:演变路径和内在逻辑》,《中国农村经济》2019年第9期。

王佳友等:《中国油脂油料进口替代关系的计量经济研究》,《统计与信息论坛》2017年第5期。

王静怡等:《中国猪肉产业链市场价格传导机制》,《中国农业大学学报》2015年第2期。

王蕾、高艳:《收储制度改革后玉米定价影响因素研究——基于供应链视角》,《价格月刊》2019年第8期。

王荣森等:《中国粮食进口安全与地区结构研究》,《当代经济》2020年第5期。

王锐等:《增长背景下我国粮食进口需求及弹性分析——基于主要品种的有界协整分析》,《中央财经大学学报》2017年第1期。

王珊:《饲料企业经济管理的市场竞争力优化与对策分析》,《中国饲料》2021年第5期。

王雪娇:《近年中国玉米进出口贸易格局转变及原因分析》,《农业经济与管理》2014年第3期。

吴学兵、乔娟:《临时收储政策对玉米产业的影响分析》,《中国畜牧杂志》2016年第6期。

谢高地等:《新时期中国粮食供需平衡态势及粮食安全观的重构》,《自然资源学报》2017年第6期。

徐雪高等:《中国畜牧业发展的历程与特征》,《中国畜牧杂志》2011 年第 20 期。

许素琼：《基于市场需求的国内饲料价格预测模型研究》，《饲料研究》2019 年第 10 期。

杨光：《中国饲料粮市场与政策研究》，博士学位论文，中国农业大学，2010 年。

杨艳涛等：《全球疫情下我国玉米供应链体系的风险问题与对策》，《经济纵横》2020 年第 5 期。

姚成胜等：《中国粮食安全评价指标体系构建及实证分析》，《农业工程学报》2015 年第 4 期。

张利庠、张喜才：《外部冲击对我国农产品价格波动的影响研究——基于农业产业链视角》，《管理世界》2011 年第 1 期。

张融、李先德：《中国大麦进口的市场结构与市场势力》，《世界农业》2015 年第 9 期。

张元红等：《中国粮食安全状况评价与战略思考》，《中国农村观察》2015 年第 1 期。

张在一等：《站在变革十字路口的玉米：主粮还是饲料粮之论?》，《中国农村经济》2019 年第 6 期。

张哲晰、穆月英：《我国玉米进口的依赖性及来源分析——基于 Armington 模型》，《国际经贸探索》2016nian 第 10 期。

赵金鑫等：《价差驱动还是刚性需求：中国饲料粮进口激增的动因分析》，《农业经济问题》2019 年第 5 期。

赵丽佳：《我国油料进口的 Armington 弹性估计与进口福利波动分析》，《国际贸易问题》2008 年第 9 期。

赵明正：《玉米国际市场可依赖程度研究——基于四种粮食作物的对比分析》，《国际贸易问题》2015年第9期。

赵殷钰、郑志浩：《中国大豆和大豆油需求——基于SDAIDS模型的实证分析》，《中国农村经济》2015年第11期。

郑红明：《依靠进口满足中国粮食需求不靠谱》，《粮油市场报》2015年8月13日第B01版。

钟甫宁：《正确认识粮食安全和农业劳动力成本问题》，《农业经济问题》2016年第1期。

周海文、周海川：《中国饲料产业集中度对市场绩效的影响研究——基于企业个体层面的追踪数据》，《中国物价》2018年第11期。

朱满德等：《供需驱动抑或价格驱动：中国玉米进口动因研究》，《价格理论与实践》2018年第1期。

Chizuru Shono, "Will China's Diet Follow Western Diets?", *Agribusiness*, Vol. 16, No. 3, 2000, pp. 271 – 279.

Christopher Delgado, et al., "Global Food Demand and the Contribution of Livestock as We Enter the New Millennium", paper delivered to Food, Lands and Livelihoods: Setting Research Agendas for Animal Science Conference, sponsored by Kenya Agricultural Research Institute, Nairobi, Kenya, January, 1998, pp. 27 – 30.

Colin A. Carter, et al., "The Welfare Effects of Export Constraints on the Canadian Feed Grain Market", *Canadian Journal of Agricultural Economics*, Vol. 32, No. 1, 1984, pp. 25 – 36.

Elhanan Helpman, et al. , " Estimating Trade Flows: Trading Partners and Trading Volumes", *Quarterly Journal of Economics*, Vol. 123, No. 2, 2008, pp. 441 – 487.

George C. Davis, Kimberly L Jensen, "Two – Stage Utility Maximization and Import Demand Systems Revisited: Limitations and an Alternative", *Journal of Agricultural & Resource Economics*, Vol. 19, No. 2, 1994, pp. 409 – 424.

Hongjie Cao, et al. , "Incentive and coordination: Ecological fiscal transfers' effects on eco – environmental quality", *Environmental Impact Assessment Review*, No. 87, 2021.

James Banks, et al. , "Quadratic Engel Curves and Consumer Demand", *Review of Economics & Statistics*, Vol. 79, No. 4, 1997, pp. 527 – 539.

James Hansen J, Fred Gale, "China in the Next Decade: Rising Meat Demand and Growing Imports of Feed", *Amber Waves*, Vol. 4, 2014, http://www.ers.usda.gov/amber – waves/.

James L. Seale, et al. , "A Rotterdam Application to International Trade in Fresh Apples: A Differential Approach", *Journal of Agricultural & Resource Economics*, Vol. 17, No. 1, 1992, pp. 138 – 149.

Jikun Huang, et al. , "China's Food Economy to the Twenty – first Century: Supply, Demand, and Trade", *Economic Development & Cultural Change*, Vol. 47, No. 4, 1999, pp. 737 – 766.

Joaoe E. Mutondo and Shida R. Henneberry, "A Source - Differentiated Analysis of U. S. Meat Demand", *Journal of Agricultural & Resource Economics*, Vol. 32, No. 3, 2007, pp. 515 - 533.

J. Scott Shonkwiler, Steven T. Yen, "Two - Step Estimation of a Censored System of Equations", *American Journal of Agricultural Economics*, Vol. 81, No. 4, 1999, pp. 972 - 982.

Ming Chien Lo, Eric Zivot, "Threshold Cointegration and Nonlinear Adjustment to the Law of One Price", *Macroeconomic Dynamics*, Vol. 5, No. 4, 2001, pp. 533 - 576.

Prabhu L. Pingali, "Westernization of Asian Diets and the Transformation of Food Systems: Implications for Research and Policy", *Food Policy*, Vol. 32, No. 3, 2007, pp. 281 - 298.

Roelof A. Jongeneel, *The EU's Grains, Oilseeds, Livestock and Feed Related Market Complex: Welfare Measurement, Modelling and Policy Analysis*, Mansholt Studies, 2000.

Seung - Ryong Yang and Won W. Koo, "Japanese Meat Import Demand Estimation with the Source Differentiated AIDS Model", *Journal of Agricultural & Resource Economics*, Vol. 19, No. 2, 1994, pp. 396 - 408.

Shaolin Huang, et al., "Supply and Demand Levels for Livestock and Poultry Products in the Chinese Mainland and the Potential Demand for Feed Grains", *Journal of Resources and Ecology*, Vol. 11, No. 5, 2020, pp. 475 - 482.

Shigekazu Kawashima, "Measuring the Degree of Country -

of – origin Bias and the Elasticity of Substitution in Japanese Beef – import Demand", *Journal of Food Distribution Research*, Vol. 38, No. 1, 2007, p. 212.

Wei Chen, et al., "China's Soybean Product Imports: An Analysis of Price Effects Using a Production System Approach", *China Agricultural Economic Review*, Vol. 4, No. 4, 2012, pp. 499 – 512.

Weiming Tian, Zhangyue Zhou, "Grains in China: Food Grain, Feed Grain and World Trade", *China Journal*, Vol., No. 58, 2005, p. 191.

Wenge Fu, et al., "Rising Consumption of Animal Products in China and India: National and Global Implications", *China & World Economy*, Vol. 20, No. 3, 2012, pp. 88 – 106.

Wenge Fu, "China's Feed Industry in Transition: The Case of New Hope Group – an Industry Perspective", *Journal of Agribusiness in Developing & Emerging Economies*, Vol. 1, No. 2, 2011, pp. 162 – 178.

Xiurong He, Weiming Tian, "Livestock Consumption: Diverse and Changing Preferences", in Yongzheng Yang, Weiming Tian, *China's Agriculture at the Crossroads*, MacMillan Press Ltd, 2000, pp. 78 – 97.

Zhangyue Zhou, et al., "Why Projections of China's Feedgrain Demand and Supply Differ: A Review", paper delivered to 18th ACESA International Conference, sponsored by Victoria University, Melbourne, 2006.

Zhangyue Zhou, "The Global Feed Market: Asian Perspectives", *Afbm Journal*, Vol. 1, No. 1, 2004, pp. 72 - 83.

Zhihao Zheng, Shida Henneberry, "The Impact of Changes in Income Distribution on Current and Future Food Demand in Urban China", *Journal of Agricultural & Resource Economics*, Vol. 35, No. 1, 2010, pp. 51 - 71.